黄埔有故事 4

传承创新

《黄埔有故事——传承创新》编委会 编

广州新华出版发行集团
广州出版社
GUANGZHOU PRESS

图书在版编目（CIP）数据

传承创新 /《黄埔有故事——传承创新》编委会编．— 广州：广州出版社，2024. 5

（黄埔有故事）

ISBN 978-7-5462-3678-0

Ⅰ．①传…　Ⅱ．①黄…　Ⅲ．①地方文化—文化史—广州 Ⅳ．① G127.651

中国国家版本馆 CIP 数据核字（2023）第 253281 号

书　　名 传承创新

CHUANCHENG CHUANGXIN

出版发行 广州出版社

（地址：广州市天河区天润路 87 号 9 楼、10 楼　邮政编码：510635 网址：www.gzcbs.com.cn）

出 品 人 柳宗慧

责任编辑 叶桂莲　刘雅丽

责任校对 周　灵

装帧设计 广州水石文化发展有限公司

印　　刷 广州市快美印务有限公司

（地址：广州市白云区广从五路 410 号一楼 103 房、二楼、五楼部分 邮政编码：510545）

开　　本 787mm × 1092mm　1/16

印　　张 12

字　　数 179 千

版　　次 2024 年 5 月第 1 版

印　　次 2024 年 5 月第 1 次

书　　号 ISBN 978-7-5462-3678-0

定　　价 78.00 元

本书编委会

前言

南海神庙，丝路流长。

黄埔文脉，千秋华章。

黄埔有粤港澳大湾区“湾顶明珠”的美誉，同时也是广州的文化明珠。在扎实推进文化强区建设的过程中，黄埔区全面打响红色文化、海丝文化、岭南文化、创新文化四大品牌。自《广州市黄埔区　广州开发区促进文化创意产业发展办法》（以下简称“文创 10 条”）发布以来，广州市黄埔区文化广电旅游局积极推动“文创 10 条”相关产业的落实，并制定《广州市黄埔区　广州开发区促进文化创意产业发展办法实施细则》，有效地推动了文化项目、文创企业、扶持资金的落地；积极布局文化产业园区建设，吸引了李海鹰、万山红等文化人才在黄埔区建立工作室，集聚效应明显；实现了“国际湾区可持续设计 DA-FUTURE”“蔡志忠漫画奖”等项目落户黄埔，品牌效应不断提升。

在黄埔区出台的文化扶持政策的驱动下，黄埔区多元文化和高端人才交流中心、京广文化科技发展中心建成并对外开放运营。黄埔区多元文化和高端人才交流中心提供文化人才工作创作、合作交流、推广路演等设施设备及相关服务，常年举行各种高端文化活动，是黄埔区文化对外展示和接待的重要窗口和区域文化产业高端“服务器”，进一步加快区域高端文化要素聚集，促进粤港澳大湾区、京广等地文化事业、文化产业全面联动和协同发展。如今，在这片文化的百花林中，已经聚集了许钦松、李海鹰、万山红、魏峻、孙捷、魏微等文化人才工作室。

出生于黄埔、成长于广州的著名音乐人李海鹰说：“我是老黄埔人，我的很多艺术创作灵感都来自这片土地，现在启动京广文化新干线，启用人才交流中心，我认为是很有远见的，一定会促进两地文化互通，让科技与艺术更好地结合。”

“如果能够把北京的文化理念和广东传统的音乐文化相融合，势必能碰撞出更美的火花，让我们的民族文化瑰宝在这片土地上得到更好的展现和挖掘，培养出更优秀的人才。”国家一级演员万山红表示。

黄埔区种下的这些文化种子正逐渐结出果实，将这些文化硕果集腋成裘、汇编成册、传之后世，更彰显了出版工作为文化强区建设所做出的贡献。在广州市黄埔区文化广电旅游局的指导下，黄埔区图书馆具体组织编纂了“黄埔有故事”丛书，该丛书目前已由广州出版社出版发行了三册。《传承创新》作为“黄埔有故事”丛书的第四册，主要聚焦于文化人才的记传与黄埔文化成果的记录，我们本着史传实录的书写原则，从许钦松、李海鹰、魏峻、张伟潮等人的传记中，梳理黄埔文化百花园的壮丽气象，为后世留下“黄埔文脉”的集体记忆。

千年文脉浩如烟，文化底蕴沉淀坚。

千年的海丝文化与岭南文化孕育了博大精深的黄埔文化，从中国近代至改革开放以来，黄埔文化以其独有的多元、务实、开放、兼容、创新等特点，成为岭南文化一条重要的支脉。习近平总书记对宣传思想文化工作作出重要指示，强调要坚定文化自信，秉持开放包容，坚持守正创新，为全面建设社会主义现代化国家、全面推进中华民族伟大复兴提供坚强思想保证、强大精神力量、有利文化条件。近年来，黄埔区坚持以习近平新时代中国特色社会主义思想为指导，深入贯彻落实习近平总书记关于粤港澳大湾区建设、文化传承创新等重要指示，以及党的二十大报告中“推进文化自信自强，铸就社会主义文化新辉煌”要求，以建设文化强区为牵引，推动经济社会发展取得瞩目成果。黄埔区内集聚了南海神庙、玉岩书院、辛亥革命纪念馆、黄埔军校旧址纪念馆、广州海事博物馆、黄埔区图书馆、黄埔区文化馆等众多公共文化艺术场馆，在“文化黄埔之风”的沁润下，城市人文精神显著提升。

《传承创新》分别聚焦许钦松、李海鹰、万山红、魏峻等文化人才在各自领域的成就，从山水画、音乐创作、声乐表演、考古文博等方面，挖掘其多年积累的成果，用夹叙夹议的方式呈现其与黄埔的文化源流。

历经沧桑岁月长，文化底蕴永流传。

黄埔区不仅是经济强区、创新强区，更是文化发展强区。黄埔区经济发展与文化发展相得益彰、交相辉映，经济发展日新月异，文化发展熠熠生辉。黄埔区古近代文化底蕴与现代创新文明相映生辉，经济强区与文化强区相得益彰，物质文明、精神文明并蒂开花。

黄埔区积极响应全民阅读理念，全面推进文化强区、阅读强区建设，开展了一系列主题鲜明、丰富多彩的全民阅读活动，营造出“书香黄埔”全民阅读的浓厚氛围，引领市民爱读书、多读书、善读书的文明风尚。公开数据显示，黄埔区已连续两年积极推广“埔阅万家”系列活动，并取得卓越成绩。2023年“埔阅万家”系列活动推出“1+4+160+*N*”的黄埔阅读推广创新模式，即依托1个总馆、4大活动篇章，组织160场“易于参与、乐于参与、便于互动”的活动，分布至春夏秋冬四季，赋能*N*位广大群众。在阅读设施与阅读文化的双重加持下，“书香黄埔”走出了一条读书、学习与求知、求智相结合的道路，用知识的探讨解决现实的发展问题，这也为文学及相关文化产业的发展赋能，奠定了强大的群众基础。

《传承创新》还选取了白永成、魏微、龚迈程、王国省等文化人才的创作经历，重点讲述黄埔区在戏剧、文学、影视等领域培育的成果，以公共文化服务高质量发展为首要目标，打造粤港澳大湾区文化建设的“黄埔样板”。同时，也将视角关注到非遗文化传承人张伟潮、动漫公司高管张显峰、园区文化建设者陈庆华等诸人，从他们积极为文化事业添砖加瓦的奋斗历程中，发掘黄埔文化发展源源不绝的前进动力。

深藏文化百世间，底蕴千年绽芬芳。

文化兴，则城市兴；文化强，则城市强。在整理爬梳“黄埔文脉”的过程中，我们发现“积极进取”“兼具融合”的黄埔文化主线是非常清晰可见的，但风貌又多种多样、各有千秋。我们在梳理12位文化人才的故事时，发现黄埔文化作为岭南文化宝库中的一员，分量是沉甸甸的。黄埔是海上丝绸之路发祥地、近代民主革命策源地、改革开放前沿地，岭南文化、海丝文化、红色文化、工业文化、创新文化在这里交汇、融合、传承、创新。

对于区域而言，提升文化综合实力，势必要以不断推陈出新的政策为抓手，保护传承、活化利用传统文化资源，以文化软实力带动发展硬实力，从而广泛地提升文化影响力。《传承创新》希望在承袭黄埔悠长文脉的征程上，讲好黄埔故事，利用文化强区建设，串联起民生福祉、经济发展、产业升级等方方面面。

本书遵循人物传记的汇编原则，将许钦松、李海鹰、万山红、魏峻、白永成、孙捷、魏微、龚迈程、王国省、张伟潮、张显峰、陈庆华12位杰出代表的故事整理成书卷，用札记的形式呈现定格一段时间之内的“黄埔文脉”。我们希望读者能够通过手中的一册书卷品读一个地域的文化记忆。

编者

2024年3月

目录

CONTENTS

许钦松

山水画创作展现当代中国精神

●国家一级美术师、二级教授，享受国务院政府特殊津贴，第十一、十二届全国政协委员。现任中国美术家协会顾问，中国艺术研究院研究员、博士生导师，中国国际交流协会理事，中国文联全委会委员，广东省美术家协会名誉主席，广东美术馆学术委员会主任等。曾获广东省五一劳动奖章、“跨世纪之星”荣誉称号。曾担任广州亚运会开、闭幕式艺术顾问，2012（伦敦）奥林匹克美术大会艺术指导委员会艺术顾问，“其命惟新——广东美术百年大展”总策划。

●主要作品有《个个都是铁肩膀》《潮的失落》《心花》《诱惑》《天音》《南粤春晓》《岭云带雨》《高原甘雨》《丰碑》等。曾获全国美展银奖、日本·中国版画奖励会金奖、中国西湖美术节银奖、全国版画展铜奖、20 世纪 80—90 年代中国优秀版画家鲁迅版画奖、广东省鲁迅文艺奖一等奖等。其作品被中国美术馆、中国国家博物馆以及多省市美术馆和机构收藏。

●出版有《许钦松版画集》《许钦松山水画集》《许钦松自传体文集》《当代名家精品——许钦松》《象外之象——许钦松山水画集》等多部作品。

造化钟神秀，胸中有丘壑。许钦松的山水画，正是这种理念的真实写照。

早年间，许钦松以版画驰名美术界，为其在画坛的地位奠定了基础。近几十年来，他侧重于山水画的创作，并取得了不俗的成绩。他的山水画，不仅与其当年在版画领域的成就并驾齐驱，甚至在全国画坛的影响远远超过其版画。以至于现在很多人谈起许钦松的艺术成就的时候，往往忽略其曾经在版画领域取得的成绩。

许钦松的山水画既有北派山水画中气势磅礴、一泻千里的豪迈，也不乏南方山川的秀美、溪流的绮丽；既有雄奇的天山峡谷、嵩山茂林、雪岭皓光、苍茫山色、雪域飞龙，也有秀丽的南岭朝云、江岸清影、南粤春晓、湖山一色。他以岭南画者特有的视角与细腻笔触，描绘了北方山水的宏伟与雄壮；又在北方山水之中，融入了南方山水的灵动与柔美。

综观许钦松的山水画创作，既有传统的高远、平远、深远等山水造景，也有受西方绘画程式影响的透视、明暗对比、光影渲染。这是他与传统山水画家截然不同的特色之处，也是他山水画探索的成功所在。

许钦松在版画与山水画的交相创作中，成功地完成了转型，并得到了美术界的肯定。他巧妙地将版画中拟刀用笔的技巧，游刃有余地运用在山水画中。无论是随类赋彩，还是因物象形，都能看到他的华丽转身，这是许钦松山水画的学术意义所在。无论他的山水画如何发展，在画界的地位如何，其版画与山水画之间的翰墨因缘，都是不可绕过的重要一环。

多年来，许钦松一直通过巡展、培训等形式，弘扬中国山水画创作，并以此来培育青年艺术家。2020 年 10 月 23 日下午，广州市黄埔区、广州开发区文化创意产业座谈会暨文化人才工作室和文化人才创意项目授牌仪式举行。许钦松工作室作为“文创 10 条”引进的文化人才工作室之一，在此后举办了一系列主题性美术交流展、汇报展，搭建了黄埔区与外部美术界沟通的桥梁。

在革新与融合之中创作独具特色的山水画

广东画坛是一个受西方文化、本土文化和中原文化影响的综合体，以其融合与包容的特点孕育了许多画坛杰出人才，并在中国美术史上占有重要地位。许钦松的山水画既有岭南画派创始人高剑父、高奇峰、陈树人等一向高扬的创新、折中、融合的创作理念，也有广东国画研究会所秉承的传统、学脉、内涵等文化精神。

在笔墨上，许钦松摒弃了传统的由浅绛、青绿和水墨构成的山水画主色调，大胆地采用积墨、色块及其他具有强烈视觉冲击力的颜料，厚重与沉着是画面的主旋律；在其画中，甚至很难看到传统的皴法，也很少进行晕染，大多以较为夸张的造型、出人意料的赋色、细致入微的肌理、超越传统的构图、不拘成法的意境，构筑他眼中与胸中的山水意境。

综观其雄浑沉静、气势磅礴的山水画，没有多年的艺术实践，没有一定的文化积淀，是很难达到这种状态的。许钦松说："我在专攻版画之时，就一直对山水画情有独钟，只是以前没有太多机会展示。"

时光回溯到 1975 年的全国美展，时年 23 岁的许钦松以木刻版画《个个都是铁肩膀》引起美术界的轰动。此后，许钦松凭借过人的艺术才华、令人过目不忘的版画精品之作在全国美展中屡获大奖，获得业界的一致好评，并在海内外产生广泛影响。

然而，当时很少有人知道，许钦松自小也在书法、国画等领域狠下过一番苦功，并一直坚持创作。他创作的山水画，最大的特点在于绘画语言的变革。因有长期版画功力的积累，以及刻刀与画笔相交融的历练，其在山水画中有意或无意地都会流露出版画的元素。正是这种艺术经历，造就了许钦松迥别于他人的绘画语言。

许钦松的山水画创作吸汉唐之雄浑，纳北宋之博大。他发挥自己 20 多年来版画创作的经验优势，"以笔拟刀"，用老辣遒劲的笔触、刚健厚拙的线条、恣肆淋漓的水墨，营造出一种"大山大水，开图千里"的无人之境。在构图中，他吸取了版画疏朗简逸、黑白对比强烈的特点，以"环视"的观察及创作手法重塑画面，重点经营画面的深远和高远，形成了人对大自然“隔岸”式的观照，表现了其对大山大川的敬仰。

此外，他还将水彩、油画的功力运用其中，在色彩、线条、意境方面都有所突破。其作品既具备了北派山水画雄奇壮美、大开大合的气势和风貌，又吸取了南派山水画滋润灵动、富有生命力的特点，从而成功融合成笔力千钧、浑然天成的独特艺术风格。

20 世纪 80 年代末，著名美术理论家梁江在评论许钦松的作品时说：“在

版画中，许钦松明显地表现出一种诗化的情怀。在山水画中，他又传达了一种沉郁浑然的境界。”

许钦松 2008 年为人民大会堂创作的《南粤春晓》、2010 年为广州亚运会特创的展现岭南文化气派的《翠岭新晴》和《南天朝云》，是确立其独特的“许家山水”艺术风格的代表之作，也是当代画坛具有开一代新风意义的经典之作。

2021 年正值中国共产党百年华诞和“十四五”开局之年，为赓续红色基

因、挖掘传统内涵、讲好黄埔故事，黄埔区文化广电旅游局开展了《大美黄埔》中国画长卷创作活动。此次活动历时半年，组织本土 12 位画家采风写生、集体创作，以水墨丹青写黄埔之精神，在传承守正的基础上，以创新的艺术表达唱响时代主旋律。2021 年 8 月 30 日，中国美术家协会顾问、中国艺术研究院研究员、广东省许钦松艺术基金会理事长许钦松受邀作《大美黄埔》创作工程主题培训，分享其创作心得及经验。

许钦松山水画的革新与融合，以及不囿藩篱的绘画风貌，不仅得到了学术界的热议，更在美术界和书画收藏界得到追捧。随着资讯的传播、展览的举办、南北美术界的交流，他的画已经越过珠江、长江，出现在以北京为中心的主流画坛。清代以来，广东美术界衡量美术家是否成功的标准就是“是否走得出去”。单从这一点来讲，许钦松的山水画是岭南地区为数不多的能走出去并在全国画坛占有一席之地的成功范例。

山水画作展示“大荒”意蕴

2012 年 4 月 17 日至 24 日，“吞吐大荒——许钦松山水画展”在中国美术馆隆重举行。该展览由文化部、中国文联、全国政协书画室、广东省人民政府、中共广东省委宣传部、中国美术馆、中国美术家协会、中国艺术研究院、中国国家画院联合主办，广东省文化厅、广东省文联、广东省美术家协会、广东画院、广州美术学院、岭南画派纪念馆、岭南画院、雅昌文化（集团）有限公司协办，广东美术馆承办。

如何理解这种艺术表现上的“大”？许钦松表示，“大”是自己创作山水画时一贯的追求。这样大美和壮美的内涵，需有空间结构、视觉图像、技法语言等各环节的依托。用他自己的话说是“出于表现的需求，甚至要求纸张幅面大型化，这些要素都在近年山水画中有明确体现”。在空间结构中，许钦松借鉴了唐宋山水画宏大气格的高远构图法，有意识地拓展视觉空间，同时也自觉地提高视角，把广袤天地尽收笔底，以俯视角度导引观众随他遨游天际、遍阅万山，感受壮阔气势。

“艺术家们生活在当今这个伟大的时代中，盛世中国呈现出的勃勃生机和强大生命力，应该在艺术家们的作品中得到充分体现。艺术家们应该不断努力，创作更多无愧于历史、无愧于时代、无愧于人民的优秀作品，热情鼓舞人民前进，热忱讴歌人民伟业，谱写中华文艺繁荣发展的崭新篇章！”许钦松说。

许钦松是当代广东画坛的领军人。任广东省美术家协会主席、广东画院院长以及广东省文联主席期间，他将美术实践与学术视野相结合，在实施建设广东美术强省的战略上，以一系列大动作、大举措，使广东由以地域性为特征的美术省份成为一个在全国格局中举足轻重的美术强省。

2012年5月29日，“吞吐大荒——许钦松山水画展”在广东美术馆隆重开幕。这是继在北京成功举办个人画展后，许钦松回到家乡广东所作的汇报展出。该次展览精选了许钦松2000年以来精心创作的60多件山水作品，其中有10余件巨幅作品是其多年来艺术创作的一次阶段性总结和回顾。

时任中央政治局常委、全国人大常委会委员长吴邦国，时任中央政治局委员、广东省委书记汪洋，广东省原省长黄华华以及时任广东省副省长雷于蓝先后参观了画展并给予肯定。

在山水画的创作上，许钦松进行了可贵的探索。他的山水画既继承了岭南画派的精神，又追随时代、立足创新，致力于把传统与当代有机衔接，并找到了独特的衔接方式，即将视觉审美领域的大山、大水以及鼓荡的云气、缥缈的雾霭等具象山水形象，转换为听觉审美领域的抽象音乐旋律的山水意象，并将静态的空间与动态的时间不着痕迹地糅合为一体，开创了一种具象与抽象并存、写实与移情并重、细微精致与宏大巍峨共生的大山水画境界。他的作品以这种自我独有的宏大气场，走进了人民大会堂等众多重要的国家场所，在中国山水画领域树起了一种新的风尚。

2016 年 5 月 21 日，“吞吐大荒——许钦松山水画展”在上海中华艺术宫开幕。该次展览集中展出了许钦松的 92 件山水画作品，分为“大道之境”“传统之桥”“重建新山水”“宇宙心象”四部分，全方位、多角度地展现了许钦松在山水画上的创作与思考，同时体现了其“大荒”山水当中的人文意境与思索。

作为当代中国山水画的代表人物，许钦松的山水画作气势磅礴，壮美辽远，雄健苍茫。评论界认为，其个人近年来在山水画创作上的艺术语言更为纯粹，水墨的流动性更强，变幻更为丰富，笔墨更为精熟，意境更为奇崛神秘。

2016 年 11 月 29 日，“吞吐大荒——许钦松山水画展”在河南省美术馆开幕。该次展览集中展出了许钦松的 90 件山水画作品。其中包括一批新作，如《大岳涌云》《岭云带雨》等。展览分为四个板块，分别是“大道之境”“传统之桥”“重建新山水”“宇宙心象”，引导观众进入许钦松的山水艺术世界。此外，展览还举办了品鉴会和广东、河南两地艺术家交流会，以促进广东与河南两省之间的文化交流。

…………

2018 年 12 月 7 日，“吞吐大荒——许钦松山水画展”在山东美术馆开幕。

作为该系列展览的收官之站，该次展览共展出许钦松的山水、写生等作品 90 余幅及相关文献、影视资料，由“岳镇海渎”“徘徊变通”“茫茫禹迹”“画为九州”四个部分组成。该系列展览自 2012 年 4 月起，从中国美术馆出发，陆续在广东美术馆、河南省美术馆、陕西省美术博物馆等地展出，已走过 10 站。

总结上述展览，许钦松的山水画在当代山水画中的地位显而易见。他的作品风格鲜明，在视觉上，能够让人看到独特性和属于他的个性；在艺术的精神上，他与岭南画派的地域传统又有割不断的联系，或者说，这种联系不是由山水而山水的直接关联，而是他长期生活于岭南、感受岭南文化环境的自然体现。岭南画派作为一个历史现象和历史概念，在山水画领域并没有得到充分的展现，但岭南画派所蕴含的精神内涵与美学样式，却在许钦松的笔下自然地透溢出来。从这个意义上说，“岭南”与“当代”是一个临界点，许钦松站在这个视觉形式与文化意义的临界点上，形成了自我的风格。

中国美术家协会主席范迪安这样评价许钦松的作品：许钦松深知笔墨的表达对山水精神面貌的决定性意义，在对传统笔墨程式、技法和风格的研习中，他倾心于北宋以来北派山水的塑造方法，追求以“见笔”带动“见意”的路数。

传承岭南画派的精神内涵

谈到“吞吐大荒——许钦松山水画展”，不得不提到深圳的这一次展出。2018 年 4 月 22 日，许钦松个人画展“吞吐大荒——许钦松山水画展”在深圳关山月美术馆正式开幕。这是继 2012 年中国美术馆许钦松个人学术展之后，又一次重要的学术回顾展。关山月是许钦松的老师，许钦松带着自己的作品回到关山月美术馆进行展览，之于广东，是一次回归。对于许钦松而言，在关山月美术馆举办的这次展览意义非凡，让他在广东这片土地上，沿着老师关山月的轨迹，继续思考岭南画派及中国画的传承与未来。

该次展览由“妙不自寻”“行气如虹”“日出月入”“写泄万壑”四部分组成，以许钦松各个时期的山水画代表作集中呈现其学术和创作的成果。

展览的100余件山水画代表作品，类型包括巨幅山水画作、写生小品等。展览运用全新3D技术，选取数件许钦松的山水作品进行立体呈现，使现场的观众不仅能从视野上感受到许钦松作品的宏大，更能通过影像的魅力进入许钦松苍茫雄浑的大山大水之境中。

许钦松的艺术创作兼具融合与创新。“广东对于外来文化的接受、融合，要比其他地方都来得早、来得快，改革意识也更强。”许钦松表示，他对山水画的探求，和生活在这样的环境中密不可分。在改革开放的前沿阵地，打开窗口看世界，走出国门，借外部而内观，这样的视野和方法，使得他对山水画产生了全新的认识，锐意改革的思想也更强烈。“要更大胆地向前走，更要有创新拓展的锐气。我现在的艺术创作刚刚进入成熟期，是人生的黄金时代。”许钦松在该次展览上说。

在长期的探索创作中，许钦松提出有别于前人山水画思想的“大山水观”，以大笔墨观，通过视觉方式的改变、灰色地带的极限探求、金石入画、光色入画等变革性手法，表现出雄浑壮观的山水画境界。其提出的“大山水观”相比于前人有了很大的改变。

许钦松表示，为了表现出自然山水的崇高性，他回归到山水画最初的状态，展现混沌初开、来自远古的自然力量，远眺宇宙和自然，人类站在此岸远望彼岸，形成一种对比、对应的关系。“大笔墨、大视觉确实要通过大幅作品的创作，有效地进行实践，解决创作过程中思考的问题。”许钦松将他对“大山水观”的所思所想落实在画面上。

一方面，许钦松延续了岭南画派一以贯之的关注现实的艺术精神，以岭南地区自然物象的物理、物情、物态，表现出浓郁的南国生活气息和独特的地域文化特征；另一方面，他把岭南绘画注重“精”“巧”“细”“美”的审美意识与北方绘画注重“厚”“大”“拙”“雄”的艺术特征相结合，把南方画风的细腻与北方传统的豪放相结合，大气势的丘壑组织、大场景的空间营造和细致精微的物象刻画，超越了岭南绘画写生式的真实，凸显出鲜明的人文风貌与时代精神，表现出一种“天地大美”的境界。

从自然到精神，从造化到心源，从营构到表现，从规律到自由，许钦松自觉置身于山水画变革创新的时代氛围中，知常求变，融通求新，在精神的深层次上实现创造性的超越。许钦松的山水画之路，传承了岭南画派所蕴含的精神内涵，但在山水画的主题、形态与笔墨语言上又超越了传统，由此成为当代岭南画派精神上的开拓者，为当代岭南画派的发展做出了建树。

许钦松表示，岭南画派在创建之时，就提出四个主张：贯通中西、融汇古今、关注现实、注重写生。在他看来，这些理论放在当前也毫不过时，且非常有意义，传承岭南画派不应一味地反对或者一成不变地继承，而应在继承岭南画派的精神和理论的基础上，面对当代生活，面向未来。

在继承传统与当代创新之间独辟蹊径

每个画家在时代的大课题面前，都会用自己的艺术表达，去呈现时代的宏大主题。许钦松的山水画作，在继承传统与展现时代之间，构建了自己独有的艺术特征。中央美术学院教授、博士生导师易英评价其作品时说："文人画、山水画是中国传统绘画，具有非常细腻的、感觉非常丰富的层次，是非常复杂的笔墨关系。许钦松的画可以说在这方面有所省略，他更多地反映了现代的社会生活，或者说是世界经验的一些特点。比如他的整体性、大关系的对比，是非常简洁的构成，这都是和我们当代生活相关的。他非常适合反映一个伟大时代所需要的那种精神，就是我们说的气壮山河，这样一种精神又反映了伟大时代的要求。"

在许钦松如此大量的作品背后，除了勤奋的艺术劳动，还有属于他自己

独特的思想境界的升华。在继承传统与走向当代的关系上，他处在认识的临界点。他深知传统的丰厚，在美术领域投入首先需要精研传统；但作为当代画家，更应该以当代人的情怀表达当代的感受，追求艺术的当代面貌。

正是在传统与当代的临界状态碰撞中，他找到了解决矛盾的艺术动力。许多美术理论家认为，传统与当代这对学术目标的关系，使许钦松的创作有了思想的张力，这种张力在他作品的视觉形态中可以感受到。

在许钦松这些年走向生活、面对自然的过程中，自然之象与心灵之象又成为一个临界点。在自然面前，他感受山川形貌，在精神上统摄自然丘壑的气势与生机，更在表达时紧紧抓住从自然山水向艺术造型的转换。他长期生活在南方，却经常远足西部与北方，感受和描绘西部、北方的山水，以深沉和朴茂的北派山水为根基，在作品中构建大山大水的意境，在精神上透溢出抒咏万古洪荒、生命不息的山水情怀。临界与超越，可以说是许钦松艺术创作的重要特征。许钦松说："这种处于自然与心灵的临界状态，使我的作品既有来自自然的发现，更有对自然物象的提纯与精炼，使之成为精神的符号。"

中国山水画拥有深厚的传统，许钦松紧紧把握住继承传统与当代创新的关系。在继承传统的基础上，他以当代人的意识表达当代的感受，追求艺术的当代面貌。他坚持深入生活，走向自然。在自然山水面前，他感受大自然的万千变幻，更以尊重自然、敬畏自然、崇尚自然的理念，体验大自然的存在本质。他作山水画时，重在把握自然山水的气势、气韵与生机，在自然山水向艺术造型的转换中，贯注了深切的人文关怀。

观摩许钦松的画作不难发现，他以"宇宙意识"宏揽山水气象，将多角度、多层次的视点汇于笔端，集高远、深远、平远之境象于一体。许多山水画创作者纷纷表示，许钦松在山水画创作上所表现出来的新山水观，对山水画艺术的发展有着重要的启发意义。

"毋庸讳言，作者的用意并不在刻意地描绘南方或北方的自然风物，而是通过可视的物象传达出对文化不懈的守望。"广东省美术馆协会会长、广东省美术家协会副主席罗一平认为，许钦松的山水画艺术并不是自然现象、景物的重现，而是作者在"充实"与"雄浑"美学观的作用下对大自然的诗性感受。画面中的各种物象不仅是山水画的构成元素，更是作者情感的代码以及对生命哲理感悟后外化的意象。

在长期的探索中，许钦松形成了自己独特的笔墨语言。他的山水画以墨色为主，少有色彩渲染，或以色彩为辅，笔墨处理聚焦于全画中大的黑白关系，具有鲜明的现代感，同时以墨色的精微浓淡营造清新纯净的山水气韵，使得其笔下的山水丘壑沉浸于浩渺云气中，于刚健挺拔中见氤氲化醇。中山大学传播与设计学院副院长杨小彦教授评价其作品时说："许钦松试图创造的是一种山水画的宏大叙事的风格，彻底摆脱地域状貌的束缚，不以狭义之景观为对象，而把视野拉开，把视角提高，以高远为原则，以造境为准，让宏大叙事成为山水画的主题，并通过这一主题印证自然的永恒。"

许钦松追求以见笔带动见意，运用“积笔”之法塑造丘壑，在线与点的交织中形成山水的结构，使作品拥有深厚、雄浑的视觉格局，彰显出内在的刚健精神；又以“润”的墨色使画面迷离奇幻，展现出抒情的诗意。这种“积笔为骨、见笔见韵”的笔墨语言堪称许钦松在笔墨形式上的独创，丰富了当代中国山水画的表现力。

融合多种技法表现山水意境

传统的中国山水画，大都反映农业文明，表现远离乡村来城市生存者的“乡园之思”和“林泉之心”。而许钦松的山水画，却致力于创造反思人与自然关系的大美之境。综观许钦松早期的山水画，以描摹岭东、岭南的风光为主，画作清新明丽，绵密敏感。而他后期的作品，无论是巨幅还是中等尺寸的方幅，都画的是高山大川、山奔云涌、群山万壑、树木葱翠、光影闪动。画中的山水与树木，有南方的清丽淹润，也有北方的雄伟壮丽，更有大西北的浑厚苍茫。他追求的山水境界，在于洪荒未辟、庄穆苍茫，是宇宙自然的原生态，是没有被破坏、没有被开发的大璞不琢之美。

许钦松创作的《春山锁烟》《晨辉》《昆仑》等作品有壮伟之象、莽然之气，他将庄子关于“天地有大美”的美学观演绎得淋漓尽致，又似受北宋壮伟派山水画家范宽的影响，体现了他的气质、个性和自我把握，他在这些画作中体势上倾慕范宽之深厚博大，气韵上用浓重活泼的水墨营造云气蒸腾、烟雨迷蒙的氛围，又巧妙地把行云流水烘托出来。这些画自然有许多现代气息，甚至偶尔借用西方现代派的造型和空间样式，长于气氛的渲染。例如《雾山晨光》《雪峰金晖》等画，融入了西方的光与色的表现，笼罩的墨色和暖色成为具有情感倾向和地貌特征的调式，而空白处却如闪动的流曳之光，在若暗若明中产生了神秘、含蓄的魅力。他打破了古代山水画的程式，在技法技巧的层面上，突破了传统文人画，在人文精神上却又与传统绘画一脉相承并具有时代气息。

他创作的《晓峰出云》《深山沉静》《谷底》《山川意远》等画作，以墨为主，笔墨处理聚焦于黑白关系，以墨色的精微浓淡，营造清新、纯净的山水气韵，并运用“积笔”之法塑造丘壑，在线与点的交织中形成山水结构。墨中有笔、笔中墨活，淡墨见骨、渴笔含润，将水墨的渗、化、冲、破等特性发挥得淋漓尽致，使得作品浓淡有韵，充满意趣，拥有深厚、雄浑的视觉格局，彰显出山水内在的刚健精神。许钦松说：“我摒弃了自然的山水形象，用心中之形替代自然之形，用心中之色替代自然之色，去寻找一种似不经意的心物合一的神趣和逸趣。”

许钦松是一位善于将绘画技巧加以融合的画家，他以中西融合推动古今承变，作品大而不空，有势有质。他的山水画既有高瞻远瞩的开阔视野，又突出脚踏实地的观感；既讲求大气象、大境界、大笔墨，又不遗余力地把握真切感受和关键细节。特别是他近十年的山水画作，形成了几个特别值得关注的亮点，即风驰电掣的速度感、强烈而微妙的光影感、山体坚实浑厚的实体感和云雾流走飘洒的细润感。

他创作的《舒卷万里》《舒卷因风》等作品，无论是点、线的用笔，还是块、面的布局，都给人一种清静的水墨激悟，其笔性的铮铮骨气，将我们带入了诗一般的意境之中。

他创作的《雾山晨光》《高原阳光》《雪峰金晖》等作品，试图将最美丽的景色留在画面中，以典型性的造型呈现出美的恒定的一面。在诗如画、画如诗的意境中，将那些令人愉悦的、明快的色彩融入诗景、诗情中，以诗的意境去契合艺术形象的原初状态，以诗与景的紧密结合去表现特定地域时空中具有特质精神的山水风貌，呈现出一种生命勃发的焕然生机。

丹青有味最相知，笔墨抒情亦多情。潜心翰墨几十年的许钦松，矢志于中国山水画的求道，他的艺术造诣是出类拔萃且硕果累累的。而他仍然以“学海无涯勤可渡，艺山有顶志能攀”的信念，不疲于绘画、书法、诗词的创作，并持续地赋予作品深厚的传统积淀和鲜明的艺术特色。

以艺术形式赋能推动黄埔文化繁荣

近年来，黄埔艺术蓬勃发展，创作队伍人数倍增，作品百花齐放，人民群众的艺术审美和素养也得到有效提升。许钦松工作室举办的“黄埔区青年艺术家培育计划”活动于2020年初夏正式启动。此次培育计划有序地组织各位青年艺术家走进莲塘村、大坦村，感受黄埔自然田园的馈赠；拜访萝峰宗祠、玉岩书院，接受黄埔历史文化的滋养；深入文冲村、横沙村、深井村，领略旧村改造后的风貌；探寻大吉沙岛，体会现代科技的魅力。“艺术·在场——黄埔区青年艺术家培育成果展”就是此次培育计划的一场成果汇报展览。

“希望以此次画展为契机，调动黄埔本地艺术家的积极性，进一步提升黄埔艺术的整体创作氛围，创作出更多、更好、更美的作品，以艺术形式赋能黄埔乡村振兴，唱响黄埔发展序曲，让更多有志之士共同助力推动黄埔文化的繁荣发展。”许钦松表示，作为导师，看到此次参展的黄埔区青年艺术家们呈现出如此丰富多样的创作面貌，自己非常欣喜。黄埔区青年艺术家们紧紧围绕“多元、开放、创新、生态”四大核心价值，为黄埔文化区域的创新发展注入了全新活力。

许钦松认为，乡村振兴不仅需要经济振兴，更需要文化振兴。2020年，黄埔区文化人才工作室——许钦松工作室成立，并在黄埔举办了多场公益书画讲座，推动艺术融入群众生活。通过许钦松艺术基金会青年艺术家培训计划扶持青年画家，奖励有突出贡献的艺术家，资助艺术事业发展。通过开展关爱候鸟儿童公益活动，帮助候鸟儿童融入城市社区，关注候鸟儿童的心理健康，用艺术传播公益。

黄埔区文化人才工作室携手许钦松艺术基金会、广东省南岸至尚美术馆特别举办“日下春和，诗意黄埔——许钦松山水画精品展”，以迎接2022年的南粤春色，营造欢庆虎年新春的祥和氛围，呈现中华民族优秀的传统文化和丰富的精神底蕴。展览分为“刀笔铸华章·探索”“笔墨展新姿·追寻”“淡墨出圣彩·圣洁山水”三部分，分别展出许钦松近期对空间意识探索的作品、对“畅神说”探索的作品和对“通感”实践的作品。此次展览有助于推动黄埔区美术事业的发展、增强黄埔区公众文化自信、丰富区域内市民文化生活及展现区域文化建设成果，促进黄埔区的文化传承与创新、城市文化形象的塑造与传播、黄埔区文化软实力的提升。

2022年6月16日，黄埔区许钦松工作室青年艺术家培训活动在黄埔区文化馆许钦松工作室开展，30余位“黄埔区青年艺术家培育计划”的学员参与了该次培训。在现场，中国美术家协会顾问、中国艺术研究院研究员、博士生导师许钦松和广东画院专业画家、国家一级美术师李节平对学员创作的作品逐一进行点评与指导。

许钦松表示，艺术的源动力在于有感而发，鼓励学员抒发自己的真情实感。此外，他强调了“意象”对画面美感的重要性。“大家很多时候容易从物象的合理性出发。但中国画的目的不是为表现某种物象，而是借物象来言说物象之外的意境。作画时，我们画得像不像是排在第二位的，意象才是排在首位的，也就是言说之意要在物象之外。”许钦松说道。

很多青年艺术家纷纷表示，每次的培训都让其获益匪浅。经过许钦松老师以及李节平老师的点评和指导，青年艺术家们不仅学到了作画的技巧，更感受到了艺术家的道德风范。

“我觉得黄埔对文化非常重视，设置了好几个文化人才工作室，不仅有美术类，还有其他种类。把这些人才引到黄埔来促进当地文化的发展，这个做法非常好，而且我们也是在切切实实地用力去做，可以总结出我们黄埔的经验，建立起自己的一套方法。这样既能够非常精准地保护原本的文化，又能够迎合现在整个城市的扩容和发展，这两者之间要找到一个合适的位置，所以大有文章可做。”许钦松如是说。

李海鹰

珠江之子，谱写乐魂

●中国内地著名词曲作家、中国音乐著作权协会副主席、中国音乐家协会理事、中国音乐家协会录音艺术与唱片学会副主席、中国音乐家协会流行音乐学会副会长、中国电影音乐学会副会长、中国轻音乐学会副秘书长、粤港澳大湾区音乐艺术联盟主席。

●从事音乐创作 40 多年，创作了上百首脍炙人口的名曲，如歌曲《弯弯的月亮》《七子之歌——澳门》《走四方》《过河》《我不想说》等，交响乐《我们的孙中山》《鹰交响 ——李海鹰流行交响乐》《南国嘉年华》等，音乐剧《未来组合》《寒号鸟》等。

●曾获“世界知识产权组织创意奖章”“文华音乐奖”“五个一工程奖”等海内外音乐创作奖百余项，曾三次担任中央电视台春节联欢晚会音乐总监以及 2010 年第 16 届广州亚运会开、闭幕式音乐总监，2013 年、2014 年中央电视台、国家大剧院《美丽中国》大型纪录片交响音乐会音乐总监等，还曾多次担任中央电视台全国青年歌手电视大奖赛评委以及广东广播电视台音乐总监。

从杨钰莹演唱的电视剧《外来妹》主题曲《我不想说》到叶倩文演唱的电视剧《女人天生爱做梦》主题曲《我的爱对你说》，从电视艺术片《大地情语》插曲《弯弯的月亮》到电视纪录片《澳门岁月》主题曲《七子之歌——澳门》，从李玲玉在 1990 年中央电视台春节联欢晚会上独唱的《牧野情歌》到潘长江在 1996 年中央电视台春节联欢晚会上表演的小品《过河》之同名插曲…… 李海鹰的许多音乐作品一经传唱，就成为经典曲目。

这位生于珠江之畔、长于花城广州的音乐人，用自己的作品谱写着当代乐坛动人的音符，书写了中国音乐史上的岭南篇章。2019 年 9 月，李海鹰工作室落户广州市黄埔区，成为黄埔区开展文化人才战略的重要组成部分之一。当时的新闻媒体评论“海鹰归来，青春启动”，认为李海鹰的回归，将迎来岭南音乐艺术上的又一个春天。

珠江之子李海鹰，这位生于斯、长于斯的音乐人，在广州市黄埔区文化人才战略计划的支持下，正深入挖掘岭南优秀传统文化资源，着力打造具有中国风骨、岭南特质的文艺精品佳作。

生长在珠江之畔的音乐人

“我从小在黄埔长洲岛长大，深受这片土地的滋养。”客居京华多年后，李海鹰仍动情地说。

李海鹰是当代中国最具影响力的作曲家之一，与陈小奇并称“岭南双雄”。1954 年，李海鹰出生于广州，父亲李江是中山人，母亲刘晖是东莞人。李海鹰的母亲 14 岁就参加了东江纵队，李海鹰的父亲也是东江纵队的战士。

生长于珠江边，李海鹰从小就深受黄埔这片文化热土的滋养。自 20 世纪

80年代开始，他的音乐就源源不断地从珠江流向世界。作为一个地道的广州人，李海鹰对广州、对黄埔饱含深情。多年的广州生活，更是孕育了他深沉的南国音乐情怀。

2017年，星海音乐学院建校60周年，李海鹰作为杰出校友回到母校。此前，他已客居京华20年。他向星海音乐学院院长蔡乔中提出，要把流行音乐的人才培养和流行音乐的市场对接，把流行音乐的创作、演唱、演奏、编曲、推广和策划的生态链作为课程引入高校。“星海音乐学院的建设需要您，广东流行音乐经过40年的发展之后，再出发，需要您。”星海音乐学院院长蔡乔中说，“就这样，海鹰老师回来了，担任流行音乐学院的首任院长。”

“我的母语是粤语，最早学会的歌就是《落雨大》《月光光》。”李海鹰说，“这些年，其实我并没有离开。但是，有一样真转回来了。我在过去10年主要做古典音乐，2017年回到星海音乐学院以后，主要做流行音乐，我终于转回来了。”

从人才引进到“文创10条”的出台，近年来，黄埔区在文化创意产业方面大手笔投入，用丰富多彩、接连不断的文化活动打造黄埔优秀文化名片，不断引进各方面的文化人才，吸引全国知名的艺术家纷至沓来，通过各种方式开展作品创作、传播文化力量。在这一大背景下，李海鹰工作室于2019年9月落户黄埔区，成为黄埔区开展文化人才战略的重要组成部分之一。

谈到黄埔，李海鹰感慨万千：“现在的黄埔已经和我小时候生活的黄埔完全不一样了，现在的黄埔非常有魅力、非常年轻化，积极向上，整个黄埔都是很开放的。我现在正创作的这首《到黄埔去》描绘的感觉就是这样。”

“比如在《到黄埔去》歌词中，我写道，‘我们一起到黄埔去，放飞梦想，天南地北的黄埔人，神采飞扬’。这就是我心中的歌，也是我一个老黄埔人看到现在新黄埔的感觉，那是一种挥洒青春的朝气，是一腔热血，因为我眼里的黄埔是一个飞速发展的年轻黄埔。希望借助这首歌，让我们一起为共同创造美丽黄埔的未来而干杯。”李海鹰说。

音乐剧的时代已经到来

2020 年 11 月 7 日，《青春剧团》在广州大剧院首演，此后开始全国巡演。这部由李海鹰工作室原创的音乐剧，讲述了新时代背景下广州新一代年轻音乐人为了人生理想矢志拼搏、奋斗圆梦的故事，反映了粤港澳大湾区年轻音乐人为梦想打拼的励志人生。

“老城市新活力”是时代课题，是在新时代背景下广州新的动力源泉。李海鹰以此为切入点，倾力打造其回归广州的第一部音乐剧作品《青春剧团》，聚焦人文湾区，展现丰厚隽永的文化底蕴。《青春剧团》全景再现了广州的老城、新景，彰显了广州的千年古韵、现代活力。

李海鹰工作室原创音乐剧《青春剧团》的模式是一种机制创新，该作品由星海音乐学院、中共广州市委宣传部、中共黄埔区委宣传部共同打造。蔡乔中表示，这部音乐剧中有观众熟悉的歌曲，更多的是李海鹰重新创作的音乐作品。

“《青春剧团》就要往世界水平靠，不求完美，只求创新。”李海鹰说，“我希望讲一个完全地道的、很真实的广州故事，而且要非常励志。我在制作中一直说‘不求完美，只求创新’，音乐剧的故事、表达、音乐都要真情实意，故事发生的每个地点、每件事情都是真实的艺术呈现。”

“音乐剧的世界水平不是那么遥远，我们要有信心。”李海鹰说，“现在的流行音乐好像有点凋零，但是音乐剧的时代已经到来，剧场文化的时代已经到了，从音乐剧出发就是最好的方向。”

《青春剧团》的第一幕从永庆坊牌楼的清晨开始，周边“陈记茶楼”“顺记冰室”“娟姐糖水”等一系列老西关色彩斑斓的招牌，提醒着飞奔中的我们，在繁华城市的另一面，有着割舍不下的人间烟火。李海鹰介绍，《青春剧团》中有一首歌叫《食头啖汤》。“食头啖汤！就算是死都不会松口气，全为理想，就算是刀山火海也敢上……食头啖汤，就是敢为天下先。”李海鹰说。

这部音乐剧的主创人员和演员主要由星海音乐学院的师生担任，也邀请了知名音乐剧演员翟李朔天担任剧中男一号。李海鹰透露：“第一次看星海音乐学院学子排练《青春剧团》就把我给震撼住了，我 40 年以前看过伯明翰大学的一个表演，就是这种感觉，是一种青春活力、一种拼搏、一种挥洒力量的感觉，这是这部剧的真正底色。剧名叫《青春剧团》，其实就是为了事

业而拼。”

《青春剧团》的故事发生在20世纪80年代充满生机和希望的粤港澳地区，这里是改革开放的起点、国际化平台；在日新月异的2020年，这里是名副其实的世界经济增长新引擎。“饮食之都，爱乐之城；珠江水长，大美家乡。”李海鹰表示，那些关于旧城消逝和城市焕新的时光中，有太多故事值得被记录。无论时代如何变迁，生活在城中的人们始终是故事的根源。源于对音乐剧的理解和热爱，形形色色的粤港澳年轻人会聚成“青春剧团”。

“每次遇到挫折，泪水悄悄涌起，我会看到一束光。一束仿佛在漆黑山洞里唯一的光，微弱的，在我前方不远处忽明忽暗。我悲伤，我犹豫，但我知道一定不能放弃，它会带我走向未知的天地。”李海鹰介绍，音乐剧中的人物形象或是不善交际的音乐学院毕业生，或是光鲜靓丽的白领精英，或是狂热爱好街舞的快递小哥，或是为人热心的糖水铺老板……即便工作四处碰壁、生活不尽如人意，在他们身上都表现出同一种韧性，那就是对于心中所爱永不言弃，因此也更能激励当下的每一位追梦者，不负对生活的热爱。

李海鹰是粤港澳大湾区音乐艺术联盟主席，也是星海音乐学院流行音乐学院前院长。他表示，希望助力广州打造中国流行音乐新高地，打造中国原创音乐剧新高地。

思考粤港澳大湾区音乐产业的未来

“遥远的夜空，有一个弯弯的月亮，弯弯的月亮下面，是那弯弯的小桥……”这首《弯弯的月亮》创作于广州，而今其创作者又回归广州。2018年，广州市黄埔区出台“文创10条”，对经国家认定的文化名家、知名大师，具有较大知名度和影响力的国外文化名人，以及“广东特支计划”文化人才（宣传思想文化领军人才、青年文化英才）设立的工作室或文化创意项目，经审核认定，最高资助300万元。黄埔区制定的“文创10条”政策，吸引了许多文化人才到黄埔设立工作室，开展文化项目创作生产。李海鹰工作室是第一批获得“文创10条”资助的工作室之一。自2019年成立以来，工作室陆续开展了“星海创作营”、艺术创作培训等文化公益活动，收到了良好的社会效益。李海鹰的回归，不是个人现象，而是一种人才创新的表现。

广州一直在加强文艺人才培养，用好“推”“培”“引”“扶”四招，打造梯次分明、结构合理的文艺人才队伍。推出文艺领军人才，培养本土化的“明星名角”，深入贯彻实施“广州国家青苗画家培育计划”“广州市戏剧创作孵化计划”，引进文艺大师担任广州文化顾问、举办文艺交流活动，积极推进文化人才工作室的建设，发展壮大广州市高层次文艺人才队伍。

2020年9月24日，由中共黄埔区委宣传部、黄埔区教育局、黄埔区文学艺术界联合会主办，李海鹰工作室、黄埔区融媒体中心、黄埔区音乐家协会协办的音乐讲座如期举行，这是李海鹰工作室落户黄埔区后举办的首场专题音乐讲座。讲座以“粤港澳大湾区音乐发展的光辉岁月与未来展望”为主题，李海鹰从“光辉岁月之四个音乐浪潮”“拥抱粤港澳大湾区发展的机遇”“着眼年轻人，激发年轻人的创作热情”“未来的潮流”等多方面展开分享，畅谈了粤港澳大湾区的音乐发展和产业未来。

李海鹰从自身经历出发，讲述了20世纪八九十年代广东流行音乐的辉煌和自那以来音乐的变迁，结合音乐发展的轨迹与变化，说出了很多音乐人的心声。活动采用线上同步直播的形式开展，让更多音乐人和音乐爱好者享受这场音乐精神盛宴，借此机会也让更多民众了解音乐、走进创作。

“创新不断，创作不止。比起当年，如今社会的接纳度，还有市场的包容性都好了太多。也正是因为这样，才更不能懈怠。”回忆起自己当年的创作经历，李海鹰对青年音乐人寄予真诚期望，“希望每一个年轻人都拥有对这个世界的态度，敢于创作，敢于表达。现在时代发展很快，充满着机遇和挑战，更需要优秀的作品，去回馈给更多喜欢音乐、热爱音乐的受众。对社会的思考、个人情感的表达，你们都可以通过音乐的形式去描述，坚持原创才是最强的生产力。”

“李海鹰老师的分享给了我很多鼓励，也使我增强了创作的信心。坚持本身就是一件很难的事情，尤其是在市场竞争如此激烈的当下。但我相信这既是机遇也是挑战，现在新媒体的发展也给了我们这些年轻音乐人更多机会去展现自己的才华。”现场听讲座的音乐从业者叶先生由衷地说。

“希望通过举办讲座，用音乐的力量增强民族自信心和自豪感。”李海鹰工作室的工作人员认为，数字音乐、音乐媒体转型、线上直播等形式势必会逐渐成为新的趋势，年轻人无疑将成为整个行业的核心，只有不断地创新创造，才能更好地将岭南音乐等广府文化传承、传播出去。

影视音乐作品呈现社会变迁

作为我国流行音乐和影视音乐作曲家中的代表人物之一，李海鹰在进行影视音乐创作的过程中，不仅有效地沿承了我国流行音乐发展的特点，还充分地吸纳了当代音乐必需的时代性和民族性特色，促使其影视音乐作品在创作中呈现出时代精神与流行元素两相结合的特色。

“一样的天，一样的脸，一样的我就在你的面前；一样的路，一样的鞋，我不能没有你的世界。”随着电视剧《外来妹》的热播，主题曲《我不想说》被广为传唱。这首歌曲产生的时代背景是20世纪90年代初期，中国农村的大量剩余劳动力集中涌向珠江三角洲等经济相对发达的地区，形成了以外来务工人员为主的打工潮。《我不想说》在词曲上抓住了那一代打工者的真情实感，描述了打工者用自己的双手开拓属于自己的精彩世界的理想。

这首歌叙事真实，情感真挚，唱出了打工者在陌生城市艰难生存的经历，呈现出打工者的内心世界——希望用自己的勤劳和笑脸来获得成功和社会的认同。同时，这首歌曲也成就了杨钰莹后来的歌唱事业。李海鹰说：“我写《我不想说》时，9个月的时间和外界基本隔绝。《我不想说》这首歌改了七八稿，最后把词作者陈小奇折腾得够呛。9个月创作的歌曲有5首用在了电影《天皇巨星》里，电影里没用上的《我不想说》，就给了电视剧《外来妹》。”

电视剧《女人天生爱做梦》主题曲《我的爱对你说》是李海鹰作品中较

能体现“都市女人心”特质的一首歌，也是早年间内地音乐人与港台歌星合作的成功典范。后来李海鹰对《我的爱对你说》进行了较大幅度的改编，不仅扩充了乐曲结构，增加了音乐主题，而且所表达的情绪和内涵也更为丰富。

电视剧《一路黄昏》主题曲《走四方》是李海鹰作品当中为数不多的带有粗犷风格的歌曲，演唱者韩磊那荡气回肠的演绎也在中国观众心中落地生根。

影视剧配乐一直是李海鹰创作领域中相当重要的一部分，《幸福像花儿一样》《黑冰》《亮剑》三部电视剧的配乐就是出自李海鹰之手。

李海鹰的青年时代在南海舰队文工团度过，而《幸福像花儿一样》的导演和主演之一也都是军人出身，以军人为主的主创团队去展现一部军旅题材的影视作品，音乐与军人性格便有了碰撞，片尾曲《爱如空气》也就应时而生。

电视剧《黑冰》的配乐表现出人性中最为敏感的一面，淋漓尽致地体现了情与罪、母与子等激烈挣扎的复杂情感。

电视剧《亮剑》的配乐深刻地昭示出人民战士保家卫国、浴血奋战的全过程，每段场景的音乐都真实还原了那个布满战争硝烟的年代。李海鹰说：“我的父亲母亲在抗日战争时期都是东江纵队的战士，谨以此曲向抗战英雄们致敬！”

由李海鹰担任词曲作者的《亮剑》主题曲《中国军魂》，采用了进行曲的形式，由北京室内男声合唱团演唱。《中国军魂》貌似平淡无奇的进行曲，却体现了剧中灵魂人物的狭路相逢勇者胜、排除万难、勇往直前的英雄气概。

这些写实题材的影视音乐作品在李海鹰的创作之中占有重要位置，是当时现实生活的真实写照，见证着社会的变迁。

流行歌曲就是要有感而发

“文章合为时而著，歌诗合为事而作。”在李海鹰的歌曲中，没有无病呻吟的痛苦，也没有歇斯底里的哭喊，更没有撕心裂肺的缠绵。“不为流行

而创作，所谓流行就是要有感而发，而不是流行什么才去创作什么。”正如李海鹰所言，他的流行歌曲经历时间的冲刷后，依然令人难忘，朗朗上口的旋律在岁月的流淌中历久弥新。

“阿娇摇着船，唱着那古老的歌谣，歌声随风飘，飘到我的脸上……”《弯弯的月亮》是 1989 年李海鹰为中央电视台电视艺术片《大地情语》而作，使用了广东珠江三角洲咸水歌音调，描绘出一幅作者心中珠江三角洲纵横交错的水乡美景图画。

这首歌曲呈现出生动的画面感，描绘的是朦胧月光下，小桥流水人家的幸福模样。作者用“月亮”“河流”“小桥”“阿娇”这些景物和人物形象，重现了记忆中的情境。在当时“西北风”歌曲盛行之下，《弯弯的月亮》表现出岭南文化独有的温婉浪漫，勾勒出一幅岭南水乡恬静淡雅的水墨画。它脱胎于中山咸水歌，融化于时代气息中。李海鹰表示，《弯弯的月亮》在创作的时候花了不过半个小时，它的火爆要归功于中央电视台。“那时候刘真导演在拍音乐电视片《大地情语》，找我合作，我和他商量找刘欢演唱了

《弯弯的月亮》。得益于中央电视台的播放，它让我从幕后编曲人走到了台前，为公众所熟知。”

值得一提的是，这首歌的词曲均由李海鹰一人操刀。作为土生土长的广州人，李海鹰深受岭南文化的熏陶。1990 年，《弯弯的月亮》成为广东流行音乐榜开榜歌曲，并拿下季度冠军、年度冠军。循环往复的第一主题在大提琴与小提琴间以复调手法交织呈现，表达了南国乡村现代文明与古老风情相融合的忧郁惆怅之感。连绵不断的铜管与弦乐、大提琴与小提琴间的对话，犹如月影与柳丝共舞、歌声与桨声飘荡，满满的都是乡愁情怀。

《七子之歌》是我国著名诗人闻一多于 1925 年创作的组诗，诗人运用拟人化的手法，将我国当时被列强掠夺的七处“失地”比作远离祖国母亲的七个孩子，而澳门就是其中一个。据史料记载，澳门隶属于广东香山县，同饮一江水的澳门与广东有着血脉相连的关系。李海鹰作为珠江的儿子，作为中山人的后代，对澳门有着天然的熟悉和无法割舍的情怀。

当接到为闻一多创作的诗歌《七子之歌——澳门》谱曲的任务后，李海鹰手捧滚烫的诗句，饱蘸情感的音符从他笔端、琴键下奔涌而出。澳门，多么亲切的名字，与自己的祖籍中山南朗血脉相连。“写《七子之歌——澳门》只用了30分钟，构思却用了半辈子！”2007年9月24日，李海鹰回到父亲的故乡，用他未改的粤语乡音，倾诉了他创作的心路历程。“上一次回到南朗还是1969年前后，那时候我才十四五岁，当时与故乡一衣带水的澳门还在外国人手中。这一次离开家乡后，我就走上了一条音乐的‘不归路’。”李海鹰感慨道。

《七子之歌——澳门》作为澳门回归电视纪录片《澳门岁月》的主题曲，从创作目的和乐曲的实际效果来讲，虽不是流行歌曲，但仍然受到了人们的广泛欢迎。《七子之歌——澳门》是单二部曲式，利用纯真的童声形象地代表澳门，用女声合唱代表祖国母亲，二者很好地呼应起来。李海鹰在作曲构思时巧妙地利用了“孤儿”的感情，把“七子”中最早一个走、最后一个回来的澳门的感情体现出来，引起了人们强烈的共鸣。《澳门岁月》播出之后，《七子之歌——澳门》深深地打动了海内外亿万华人的心。

《过河》是潘长江在1996年中央电视台春节联欢晚会上表演的同名小品中的一段插曲，李海鹰在创作中借鉴了东北二人转的音乐元素。

李海鹰从事流行音乐创作30余年，每个时期都有家喻户晓的代表作。清新典雅的音乐风格和柔美婉转的旋律曲调，使得他的流行歌曲在国内流行乐坛上独树一帜。李海鹰创作的流行歌曲中，也不乏爱情题材歌曲，这些歌曲有着含蓄、内敛、清新的唯美风格。2001年的《对视》《蔓延》，2005年的《爱如空气》都是近年来流行乐坛的经典之作，都有着一般爱情歌曲没有的清新脱俗的气质。

优秀的音乐作品是时代的记忆

优秀的音乐作品承载着不同的情感，经过历史的沉淀留存下来，成为时代的记忆。30多年来，李海鹰创作的众多作品是中国社会发展的历史见证，

是中国人的情感记忆。李海鹰将心灵深处的真情实感通过娴熟的作曲技术表达出来，形成了那些优美动听、广为传唱的经典名作。

作为土生土长的广州人，李海鹰真正涉足流行歌曲创作之前，一直在太平洋影音公司从事编曲工作。他通过“扒带子”加重新填词的方式获得写作流行歌曲的经验，灌制了大量港台流行音乐唱片。直到 1985 年，广州举办了第一届“红棉杯”羊城新歌新风新人大奖赛，推出了“十大歌星”“十大金曲”的评选模式。尽管这一做法是对香港乐坛的照搬，却也开创了内地音乐的排行榜先河。

众多原创歌曲、歌手以及原创音乐人在这次比赛中脱颖而出，李海鹰就是其中一位。“红棉杯”羊城新歌新风新人大奖赛对于广东流行音乐而言，有着里程碑式的意义。它使得广东流行乐坛逐步摆脱港台流行音乐风格的束缚，进入以本土原创作品为基础、展现独特个性的全新时期。

此次比赛后，太平洋影音公司推出了实验性的专辑《为我们骄傲》，其中就收录了李海鹰的多首原创歌曲。李海鹰说：“在《为我们骄傲》出现之后，为了支持新人大奖赛及原创作品，广州文化局规定，歌手们每晚演唱港台歌曲的数量不得超过歌曲总数的 30%。从此之后，我才真正把工作的重心转移到了原创方面。”

李海鹰自 1983 年进入唱片行业，直至今日创作不止，成为广东流行音乐界的领军人物，甚至在中国流行音乐界占据着相当重要的地位。他的音乐创作涉猎广泛，横跨流行、民族、传统以及影视音乐，可谓一位高产的音乐人。之所以说他在中国流行音乐界占据着重要的地位，是因为他不但高产，而且佳作不断。就流行歌曲而言，他几乎每个时期都有经典之作出现，这些家喻户晓的作品对改革开放以来中国流行音乐的发展，起到了不可忽视的推动作用。李海鹰说：“我的音乐作品最大的特点， 就是和时代契合。音乐也是一种交流手段， 时尚在变化，思想在变化， 我的音乐语言也在变化。”

从北上做音乐，到如今回归广州，李海鹰不想给自己的创作划定太多界限，即便是在同一类型的作品中，他也总在探求不同的风格。音乐作品总是会折射出创作者的人文情怀，李海鹰的作品无不反映出他“东西方文化的融合，流行与古典的融合，传统与当代的融合，不同地域文化的融合”的多维文化与世界观。他的很多作品都具有典型的南方流行音乐特质，他在刻画细腻、感人、动听的旋律的同时，不放弃对人文内涵的追寻，常将南方渔歌、珠江三角洲咸水歌、南方山歌等音乐素材与古典音乐、流行音乐手法结合在一起，形成具有中国特色的流行音乐作品。

李海鹰一生都在追求属于自己的风格，不忘初心地坚持艺术理想和永无止境的独创性。他说：“无论我写什么，都要让更多的人喜欢。我不仅在思考如何去创作，也在寻找如何去表演，同时还在设想将来怎么走。”

万山红

唱给时代的歌，回声永远嘹亮

●著名歌剧表演艺术家、女高音歌唱家，声乐教育家，国家一级演员，教育学博士，中国人民解放军国防大学军事文化学院声乐教授、硕士研究生导师、博士研究生导师。曾任第九届、第十届、第十一届全国政协委员，全国青联常委，中国戏剧家协会理事。现任中国音乐家协会理事，享受国务院政府特殊津贴。曾荣获第六届中国戏剧最高奖“梅花奖”、中央电视台第四届全国青年歌手电视大奖赛民族唱法专业组金奖。由其演唱的音乐电视片《公仆赞》获得全国 MTV 大赛金奖、中宣部“五个一工程”优秀作品奖。

●在《原野》《白毛女》《江姐》《小二黑结婚》《星光啊星光》《窦娥冤》《伤逝》《古兰丹姆》《芳草心》《洪湖赤卫队》《八女投江》等十多部民族歌剧中成功地塑造了一号人物。因在歌剧《原野》中出色地塑造了女主角金子，获得中国戏剧“梅花奖”的殊荣。

从歌剧《白毛女》到歌剧《江姐》等传唱多年的经典剧目，从喜儿到江姐等光彩照人的艺术形象，从《山丹丹开花红艳艳》到《翻身道情》等独具风格的民歌，从《公仆赞》到《想家的时候》等抒发时代情怀的主题歌曲……万山红一直耕耘在舞台表演与声乐演唱的沃土中，用自己的赤诚之心与嘹亮歌声，担负起声乐艺术家的伟大使命，为人民歌唱、为时代歌唱。

万山红在舞台上是一位著名的女高音歌唱家，在幕后则是一名燃烧自己、无私奉献的声乐教育工作者。在多年的演出实践和声乐教学中，万山红教授总结出融汇中西方歌剧演唱和教学的方法，培养了多位声乐艺术人才。她不仅在高等教育中培养声乐艺术后备力量，更是让艺术走出象牙塔，在人民群众中普及声乐艺术之美。2021 年 1 月，万山红工作室正式落户广州市黄埔区，成为该区文化人才工作室重点扶持对象之一。她用自己的实际行动践行艺术初心，为黄埔区培养更多音乐艺术爱好者和艺术人才，让黄埔区成为音乐艺术爱好者的关注焦点，促进该区文化事业繁荣发展。

西洋唱法与民族唱法融于一体

在中国歌剧的舞台上，万山红参演过《原野》《白毛女》《江姐》《星光啊星光》《八女投江》《小二黑结婚》《刘胡兰》《洪湖赤卫队》《古兰丹姆》《伤逝》《芳草心》等经典剧目，饰演过金子、喜儿、江姐、田茹星、冷云、小芹、刘胡兰、韩英、假古兰丹姆、子君、芳芳和圆圆等光彩照人的艺术形象。

中国歌剧舞剧院被誉为《白毛女》的摇篮，《白毛女》是诞生在延安的中国首部原创民族歌剧，这部源自民间、扎根群众的作品，在一代一代的艺术

家演绎中传承至今。“喜儿”这一艺术形象被多位歌唱家塑造过，如王昆、郭兰英、李元华等。在歌剧《白毛女》的演唱中，万山红运用了两种声乐艺术的技巧，她的演唱完美地融合了民族和西洋两种唱法，声音饱满、明亮而富有中国民族所特有的韵味。数十年来，中国几代歌剧演员和声乐教育家一直探索如何将西洋唱法与民族唱法完美结合，而万山红的演唱风格则为实践者提供了很好的范例，对中国的声乐教学也是一个很有力的启示。万山红将西洋唱法融于民族歌剧之中，两者的结合也形成了中国歌剧的新样式。

中国民族歌剧《江姐》《小二黑结婚》《刘胡兰》《洪湖赤卫队》等革命题材的经典选段一直流传至今，万山红认为在把握与处理这类作品时，“最重要的是不要滑入革命题材‘类型化’的误区，要塑造一个观众认同的、有血有肉的，既有理想、又充满人情味的形象”。正因为如此，剧中的这些艺术形象被万山红演绎得富有新的生气。

开创中国歌剧的新典范

1987 年，根据曹禺先生名著改编的歌剧《原野》在北京首演，该剧以强烈的戏剧性和浓厚的悲剧色彩而闻名，它是第一部被搬上国际舞台的中国歌剧，被誉为 20 世纪华人经典艺术作品，在中国歌剧发展史上具有里程碑式的意义。

这部歌剧中女主人公金子的首演者就是万山红。金子是一个极难塑造与把握的角色，具有多重的性格与复杂的心理状态，并且金子的唱段难度极大，要求演员必须具有高超的声乐演唱技巧和丰富的表演技能。当时，著名词作家乔羽先生任中国歌剧舞剧院院长，经他推荐，导演组决定让万山红饰演金子。歌剧《原野》是万山红首演的代表性歌剧作品，她运用自己独特的艺术表现手法，成功地塑造了女主人公金子这一舞台形象，受到业内、学术界专家、观众的广泛赞誉。演出结束后曹禺先生对她说：“你把金子演活了，你

就是我心目中的金子。”1988年，万山红凭借歌剧《原野》中“金子”这一艺术形象获得了中国戏剧最高奖“梅花奖”的殊荣。

万山红在歌剧道路上的辛勤耕耘，浇灌出了一朵朵灿烂的花朵。正是万山红等优秀歌剧人的努力，推动了中国歌剧的发展，加快了中国歌剧的发展进程，使中国歌剧走向世界，绽放异彩。

歌唱百花园中的一枝山花

万山红不仅是歌剧表演领域的佼佼者，而且是擅长演唱中国民族声乐作品的著名歌唱家。无论是在歌剧舞台上，还是在中国民族声乐演唱中，万山红都取得了辉煌的成就，她演唱的《公仆赞》《山丹丹开花红艳艳》《翻身道情》《貂蝉已随清风去》《想家的时候》《金秋大地》《芬芳的赞歌》等作品声情并茂、感人肺腑、充满韵味，不仅流传广泛，而且深受人们的喜爱。

万山红不仅刻苦努力，而且具有思辨和探索精神。她的演唱舒展大气、情感浓烈，使听者如醉如痴。1990 年，身怀六甲的她凭借雄厚的演唱实力，以一曲《苦菜花，开在三月》赢得了中央电视台第四届全国青年歌手电视大奖赛民族唱法专业组金奖。她的拼搏精神深深地打动了评委和成千上万的电视观众。从此，她的歌声走进了千家万户，她频频走进人们的视野，成为深受广大观众欢迎的著名歌唱家。

万山红具有甜美动听的音色和高超的演唱技巧，而且在她的歌声里蕴含着一种独特的文化内涵。她的歌唱艺术既汲取了老一辈歌唱家成功经验的精髓，又恰到好处地借鉴了西洋演唱方法的长处，并巧妙地融入了现代流行唱法的审美元素，让欣赏者不仅能感受到歌声的美妙动听，同时也被其浓郁的感情和精心设计的动作外化深深打动。

一曲颂歌抒心声

梳理万山红所演唱过的歌曲，《公仆赞》是一首不得不提的作品。这首抒发时代情感的歌曲，赞扬了中国共产党员的楷模、两袖清风的好干部孔繁森

热爱人民、无私奉献的精神，传唱至今已近30年。在演绎《公仆赞》这首作品时，万山红抓住了群众歌曲艺术化的特点，为时代抒发了一曲心声。她在演唱时，旋律与戏曲行腔的叙述板眼有序，吐字发音融进了适量的平民意识，与听众近距离交流，就像老百姓间的聊天，艺术地再现了孔繁森生前的动人形象。副歌的咏叹部分，倾注了万山红的全部热情与艺术造诣，赞颂格调达到顶峰。“这首颂歌堪称神来之笔，它不是追求高大艺术形象的赞颂，而是娓娓道来，润物细无声地倾诉。”万山红说。

从歌唱家向声乐教育家转型

在30多年的歌剧表演生涯中，万山红成功地塑造了诸多艺术形象，为我国民族歌剧的发展谱写了辉煌的篇章。作为一位著名的歌唱家，万山红一路跋涉在音乐寻梦的途中，当年的艺术追求早已梦想成真，她在艺术事业的巅峰中创造了更加辉煌的艺术成就。

2010年，万山红离开了工作33年的中国歌剧舞剧院，被正式调入中国人民解放军艺术学院（现中国人民解放军国防大学军事文化学院），成功地完成了从歌唱家向声乐教育家的转型。万山红表示，演员是个体站位，教师是梯队，最后呈现的不是自己，而是学生。声乐教育工作者要有奉献精神，才能教出好学生。

“艺术家只需要把自己管好，向前辈学习，刻苦钻研，达到一定的艺术高度，把作品演绎好、表达好。而教育家则要有自己的声乐技术储备、有文化底蕴，自己达不到一定的水准，也教不出有高度的学生。”万山红说。

身为声乐教育家的万山红，已成为耕耘在声乐百花园中的辛勤园丁，她将自己多年来积累的歌唱技术与舞台表演实践等宝贵艺术财富传授给学生，继续谱写她辉煌的音乐人生。如今，万山红培养的学生已在各大文艺团体中挑起大梁，担当主演，成为各大文艺舞台上的艺术骨干。

将声乐艺术大众化

2021 年 1 月，万山红工作室正式落户广州市黄埔区，成为该区文化人才工作室重点扶持对象之一。

2021 年 8 月 22 日晚，万山红带领“万山红遍百花开——音乐艺术人才培养季”（黄埔第一期）全体学员，在珠江钢琴创梦园大歌剧演播厅通过抖音直播的形式，向观众呈现了一场别开生面的音乐会。《白毛女》《江姐》《野火春风斗古城》《沂蒙山》等观众耳熟能详的中国歌剧唱段精彩呈现。

虽然学员们很多是声乐专业出身，但有些之前并没有真正了解过舞台。万山红从戏剧排练入手，从人物分析出发，根据每个学员的特点安排角色。从人物塑造、戏剧排练到音乐形象设计、舞台整体打造，万山红均进行了精心安排。据了解，“万山红遍百花开——音乐艺术人才培养季”是万山红工作室落户黄埔区后的工作重点，除万山红外，还聚集了数位国内知名教授担任导师。

值得一提的是，广州市黄埔区万山红工作室的另一位重要骨干是莫家山。他本科毕业于中央戏剧学院，研究生毕业于加州艺术学院。目前莫家山是舞台剧导演和影视制片人，同时也是“万山红遍百花开——音乐艺术人才培养季”的策划者。万山红与莫家山对于艺术的感悟，既有相同之处，也有不同之处。简言之，万山红的重心放在舞台表演，莫家山对舞台整体呈现和故事表现进行统筹规划。他们二人的理念并不冲突。万山红认为表演需要充沛的能量和对舞台的热情；莫家山更理性，因为导演好比司令，要把队伍带

出去打仗，所以莫家山会对全部工种进行统筹管理。莫家山认为，万山红是一名表演艺术家，舞台艺术的中心是表演艺术，这也是绝对的。二人搭配在一起，保证了万山红工作室在舞台呈现和艺术传播领域内外兼修。随着时代的发展，剧场也在发生着深刻的变化，各种大剧场、小剧场衍生成群体文化生活的聚集地，技术与艺术呈现出相互融合的趋势。万山红和莫家山这二位艺术从业者均认为，专业音乐教育需要提升标准，全民音乐教育则需要提高公众整体的审美水准。

“万山红遍百花开——音乐艺术人才培养季”至 2024 年 3 月已在广州市黄埔区成功举办了 5 期培训及公演，受到业内及广大观众的好评与赞赏。

万山红工作室计划围绕音乐文化主题，邀请国内知名艺术家在黄埔区进行专题性主题讲座；与相关学校、机构建立合作培养模式，与各地展开交流并打造黄埔区特色音乐文化等各类项目，力争打造黄埔区艺术文化形象，在让市民进一步了解音乐文化、提高审美品位的同时，培育音乐人才。

“我非常喜欢黄埔，这里的人文和政务环境都很好。在今后的日子里，我要通过这小小的工作室为黄埔多做一些事情，如给黄埔打造新的歌曲、剧目，举行市民喜闻乐见的普及性讲座，开办初级、高级声乐艺术培训班。”万山红说，“希望为黄埔区培养更多音乐爱好者和艺术人才，让黄埔区成为音乐爱好者的关注焦点，促进黄埔区文化事业发展。”

魏峻

考古文博的生涯与古往今来的对话

●复旦大学文物与博物馆学系二级研究员、博士生导师，享受国务院政府特殊津贴。历任广东省博物馆党委书记、馆长，广东省文物局副局长等职，兼任国际博物馆协会中国国家委员会（ICOM-China）副主席等职，全国宣传文化系统“四个一批”人才，国家“万人计划”哲学社会科学领军人才，“广东特支计划”宣传思想文化领军人才，第三届广东省宣传文化战线“十百千”工程第一层次人才。

●曾获国家文物局田野考古奖一等奖、科学与技术创新奖一等奖，文化部创新奖以及广东省五一劳动奖章。

●魏峻工作室组织以“一带一路”考古与黄埔历史文化为主题的高水平学术研讨会，举办多场文博讲坛、讲座，拓展黄埔区海丝文化的普及传播途径，推动黄埔文化文物资源影响力的提升。

在多场以“一带一路”考古与黄埔历史文化为主题的研讨会、讲坛、讲座上，都有魏峻工作室团队成员忙碌的身影。正是工作人员不辞辛苦的策划组织，才让带有历史记忆的文物与广大观众之间产生跨越时空的对话，从而使大众形成对中华民族灿烂文明的共鸣。多位参加活动的黄埔区居民表示，自从黄埔区建有魏峻工作室以来，考古与文博方面的知识科普活动逐渐增多，丰富了他们的业余生活，拓展了他们的知识视野。

在古今的对话中，自然少不了工作室的灵魂人物——魏峻。他将自己所学知识和研究成果向大众普及，让黄埔区的历史文化有了厚重的底气。这位耕耘在考古与文博领域的专家学者，一直致力于将自己书斋中的馥郁书香播撒到黄埔的每一寸土地上。

从学有所成到著书立说

2018 年 9 月，“文创 10 条”正式出台。“文创 10 条”将全国宣传文化系统“四个一批”人才魏峻引进到黄埔区，魏峻工作室成立了。此举不仅让人才资源和文化人才创意项目落地黄埔，更是为黄埔考古文博事业的建设带来了新活力和新动力。

在普通大众的眼中，考古与文博并没有绝对的分界线，魏峻却将两者的界域划得清清楚楚。“就学科设置而言，在历史学大类中分考古学、中国史、世界史三个一级学科，文博是考古学的下设学科。文博作为一个行业，就大方向而言，考古又是文博中间的一分子。”魏峻表示，考古与文博专业之间的关系，依据不同的划分标准，颇有“你中有我、我中有你”的意味。

自从在黄埔区设立魏峻工作室以来，他将工作的重心分出一部分来进行考古文博科普，这份坚持也来自他多年考古文博学业和研究生涯的积淀。魏

峻说："上高中时，我就对历史感兴趣。1991 年，看到北京大学的招生简章后，填报高考志愿时就选择了考古专业。"文科出众，历史成绩拔尖，魏峻如愿以偿地进入北京大学考古系（后改称北京大学考古文博学院）。"入学后发现，考古专业和历史专业其实有很大的差别，考古主要是在实物的基础之上进行研究。"魏峻说，"成为北京大学考古专业的新生后，很快发现自己的认识不足。"

进入考古专业后，课堂学习与田野实习的结合，以及北京大学宽松的学习氛围，让魏峻喜欢上了自己所选择的专业。他说："在河南邓县（今邓州市）发掘遗址，虽然考古发掘的工作生活环境不好，但我发现自己是真正对考古感兴趣。"该处遗址属于新石器时代，是仰韶时期的一座古老村落。"村落中有几千年前带推拉门的分间排房。"魏峻回忆道。遗址中的房屋结构表明当时已存在稳定的家庭组织模式，这让他对研究史前时代的社会和家庭产生了非常浓厚的兴趣。

建立在兴趣之上的学业往往会有丰硕的成果。魏峻在大四时被保送本校本专业的硕士研究生。读研阶段，在湖北麻城参加的一次考古活动让魏峻有了很大的收获。“许多考古意料之外的发现，是对未知世界的深入探索，这也给我考古专业的学习和能力的提升带来极大的受益。”魏峻说。

魏峻在北京大学求学 11 年，这让他既获得了专业知识的积累，也获得了考古发掘技能与学术能力的提升，更获得了历史文化底蕴的积淀，这为他在黄埔区开办讲坛奠定了基础。由他主编的《尼罗河畔的回响：古埃及文明特展》《纳新：广东省博物馆新增藏品选粹（丙申卷）》等多部图书先后与广大读者见面，这些图书既是学术体系的梳理勾勒，也是中外历史文化知识的普及宣讲。

《尼罗河畔的回响：古埃及文明特展》书写了在世界最长的河流尼罗河的哺育下，埃及大地上孕育的古老而灿烂的文明。魏峻介绍，广东省博物馆等单位与埃及文物收藏量居世界第二的意大利都灵埃及博物馆合作，举办了古埃及文物精品展览。这些展品从意大利北部古城都灵出发，沿着东西文明交流的新丝路来到广州，用精美的实物展示了古埃及神秘而又迷人的艺术世界和独特的来世信仰，以及古埃及社会的日常生活和丧葬文化。该书记录了来自尼罗河流域的 238 件珍贵埃及文物及其背后的故事。

水下考古发现呈现海丝之路交流

魏峻的水下考古事业从广东开始，将水下考古成果向大众展现，也颇得益于黄埔区文化广电旅游局组织策划的相关配套活动及对海丝文化的大力推介。“南海 I 号”的水下发掘，见证了魏峻水下考古事业的发展历程。“在北京大学一直学习的是史前考古，博士毕业后到广东工作，初期也都是从事史前考古研究。”魏峻谈及自己早年的工作经历时说，“2004 年，‘南海 I 号’整体打捞方案确定后，在工作需求和兴趣爱好的双重因素下，我也转向水下考古。”

“‘南海Ⅰ号’是当时全世界唯一一例采用整体打捞的船只，其对中国和世界的水下考古具有同样重要的意义。同时，‘南海Ⅰ号’也见证了海丝文化研究的发展历程，对海丝之路研究意义重大。”魏峻介绍，“当时广东的水下考古工作，一直都是围绕‘南海Ⅰ号’沉船展开的，而广东省文物考古研究所水下考古研究中心的建立，则推动广东水下考古占据了国内领先地位。”

魏峻最开始是从事陆地考古的，水下考古的操作方式、发掘对象、工作理念与陆地考古有很大不同。2004 年，国家文物局举办第三期水下考古培训班，经过半年时间的培训，魏峻掌握了水下考古技术，逐渐从陆地考古转到水下考古。

10 多年间，魏峻既以众多的水下考古物质例证开启了自己研究海丝之路的大门，也通过著述为广大读者打开了了解“南海Ⅰ号”沉船历史文化的天窗。由他主编的《大海道：“南海Ⅰ号”沉船与南宋海贸》记录了“南海Ⅰ

号”沉船上的文物，涵盖了陶瓷器、金银宝石、金属器、碑拓、动植物标本等。“书中既有1987年第一次调查发现搜集的第一批代表性器物，也有2019年最新发现的成果。”魏峻说，编纂这本书是为了展现古人在器物制造、造船技术、海上航行及海洋贸易等方面的智慧。

这本展览图录不仅展现了“南海Ⅰ号”沉船的大量文物，也向读者讲述了广东水下考古工作的开展情况。1987年，国家开始筹建水下考古的相关队伍和机构，广东是最早参与的省份。从1989年国家文物局第一届水下考古培训开始，一直到2010年前后，国内重大水下考古项目都有广东水下考古工作者的参与。魏峻回忆，刚到广东省文物考古研究所工作时，该所正和原中国历史博物馆合作“南海Ⅰ号”的项目。“南海Ⅰ号”1987年被发现，但限于当时的技术条件等因素，相关项目一直处于锻炼队伍、培养人才的阶段。直到2001年，“南海Ⅰ号”项目才得以重启。

2019年7月6日，《人民日报》第8版刊发了魏峻的署名文章《一艘驶自南宋的船——开启中国水下考古新航程》。这篇文章介绍了当时所见保存最完整的宋代远洋商船实物，讲述了中国水下考古创新性挖掘与保护的经典案例，思考了船载文物背后承载的诸多考古课题。魏峻说：“沉船及大量精美船载文物的发现，慢慢揭开了‘南海Ⅰ号’的诸多谜团，为人们全景式地展现了南宋时期的海洋贸易状况，从中可以看到当时海丝之路的盛况。”而黄埔区举办的海丝之路盛况的展览展示与讲座活动，无疑将有关考古研究的成果向大众进行了相关知识的传播与普及。

魏峻表示，在广东工作期间，他除了参与“南海Ⅰ号”项目外，还在广东沿海地区的湛江、汕头、珠海一带开展了水下考古调查，并在广东省文化厅的安排下组织了省级水下考古培训班。当年培训班的学员都是来自广东各地的文博专业人员，现在均已经成长为我国水下考古的中坚力量。此外，广东的水下考古队还参加了港口拓建、沿海核电站建设、跨海大桥建设等工程的前期水下考古调查项目。

学术研究和文化传播两相皆宜

从任职于广东省文物考古研究所，到被调入广东省文物局，再到被调入广东省博物馆，魏峻在专业研究的路上有许多积淀性的成果，《粤东地区考古文化与环境的互动》《博物馆与文化景观》《海上丝绸之路遗产的开发与保护》等论文先后在相关期刊上发表，这些文章记录了他学术思考的历程。2019 年 9 月，魏峻再次回到大学校园，在复旦大学文物与博物馆学系开展研究工作，而水下考古和海丝之路考古是他研究的两个重要方向。

专业研究之余，魏峻非但没有与大众传播渐行渐远，反而越走越近。在黄埔区成立魏峻工作室以后，他常常与大众分享自己的学术研究感悟，并从历史传承与文化传播两个维度畅谈自己的心得体会。“在国家大战略与‘一带一路’交流的大背景下，将水下考古和海丝文化传播结合，是从实物发掘的角度丰富历史的质感、呈现文化的交融，其研究价值与普及价值不言而喻。”魏峻说。

对于将水下考古和海丝之路相结合，魏峻有自己的心得体会。海丝之路的总体研究、综合性研究成果并不多，以往海丝之路的研究主要在史学界，集中于中外文化交流，这些研究缺乏中国与世界的关联。西方海丝之路的研究多以海上贸易为主，国外学者关注中国的材料较少；同时，中国学者关注国外的材料也不太多。魏峻认为，海丝之路研究需要打通中外世界，在整体框架下进行研究，这样的研究视野才具有广阔的全球性意义。考古学作为一级学科，其分支各有侧重点，但从古代实物去解读古人的思想文化是各分支共同的主题主线。水下考古与陆地考古研究重点有差异，但对于丝绸之路的研究都是通过研究古代贸易折射出文明的碰撞与交融。

我国陆丝之路的起点是西安，而海丝之路的主要起点之一是广州。广州位于南海之滨，拥有海上交通的优越条件，所以成为中国古代海丝之路的发祥地。魏峻说：“海丝之路作为东西方连接的重要通道，其推动商品贸易交换，对沿线地区的人民生产生活以及世界政治经济格局产生了巨大影响。建立海丝之路的框架对于相关的历史、考古研究具有重要意义。”

在《海上丝绸之路考古及其时空框架》一文中，他在整体时空框架下详细讲述了海丝之路。文章指出，结合文献、历史背景和沉船、港口考古资料，可以将海丝之路的发展分为三大阶段：第一阶段，公元前3世纪晚期到公元7世纪早期，是海丝之路的形成期，《汉书·地理志》、泰米尔文献以及《厄立特里亚航海记》中对一些航海路线与港口情况均有记录；第二阶段，7世纪中期至15世纪末期，大唐王朝和阿拉伯帝国的繁盛以及伊斯兰教的传播，使得海丝之路的贸易模式发生较大变化，主要国家的联系更加密切，原来位于海丝之路边缘的东北亚地区也在海丝之路贸易中发挥更为重要的作用；第三阶段，16世纪初到19世纪中晚期，与大航海时代紧密相关，相关实物遗存不仅有海洋、陆地的一系列考古发现，还有大量的传世贸易品和档案记录，为研究提供了支撑。

“海丝之路概念与丝绸之路紧密相关，‘丝绸之路’概念由德国学者李希霍芬提出后，经赫尔曼、斯文·赫定等人发展，逐渐从陆地扩展到海洋。1943年，《申报》的一篇文章中提到‘香料之路’。1967年，日本学者三杉隆敏的专著首提海丝之路，并于20世纪80年代初见于中国学者的研究。与海丝之路相关的概念，还包括海洋之路、陶瓷之路等。”魏峻将这些学术观点以形象浅显的语言向大众进行宣讲，很快就引起黄埔区及其他地区居民的兴趣。参加讲座的观众纷纷表示，中华文明在同其他文明的交流互鉴中不断焕发新的生命力，弘扬中华文明蕴藏的全人类共同价值对推动构建人类命运共同体具有重要意义。

学术表达与知识传承互为合力

魏峻不仅给复旦大学文物与博物馆学系的本科生、研究生开设相关课程，也通过黄埔区人才工作室这一平台，让学术表达走出象牙塔，让知识的传承拥有更大的受众群体。

此外，由他撰写的《中国水下文化遗产的博物馆展示》《海上丝绸之路：中国博物馆的阐释与展示（2013—2016）》等文章先后在《中国博物馆》《中国博物馆通讯》等报刊上发表。他还主编了《岭南印记：粤港澳考古成果展》《茗香茶韵：中国茶文化展》《南北通融：南粤古驿道展览图录》《南国石韵：广东四大玉石精品集》《海上瓷路：粤港澳文物大展》等著作。这些书籍都是魏峻多年来知识的积淀，在学术论述之外，也能给大众带来知识的普及。据魏峻介绍，这些书籍的编撰工作都是集体成果，相关博物馆的项目负责人起了很大的作用，他们把博物馆的收藏品向大众展示，形成了历史、文化、科技等不同系列的展览。“广东省博物馆作为地方综合性博物馆，编著的相关书籍反映了展览及研究成果。”他说，“广东有很多海丝之路的藏品，广东省博物馆的工作人员要将这些藏品通过图文并茂的形式、深入浅出的语言进行知识传播。”魏峻认为，应将图书编著贯穿于学术研究工作之中，借助书籍扩大知识的受众面与传播力。据悉，2015 年以后的展览中，广东省博物馆在展厅中均专门开辟了一间阅览室，并通过融媒体传播的形式，给观众送去免费的阅读服务。这间免费的阅览室后来被命名为“粤海书斋”，成为拓展读者知识的“加油站”。

对于学术表达与知识传播的关系，魏峻也有着深刻的理解，魏峻工作室的团队成员也在不断践行这种思路。“制定线上线下两类场景的传播策略，面对不同的受众进行划分。面向专业人员的活动力求知识图谱体系化，朝专业化方向发展；面向普通大众的活动力求明白易懂，朝通俗化方向发展。”魏峻说。考古文博知识的传播需要研究者主动去做一些符合不同层次受众的普及，比如与中央广播电视总台《百家讲坛》栏目合作策划一些电视节目、与出版社合作策划一些中小学生的普及读物等。2023年底，魏峻的新书《“南海Ⅰ号”船说——从中国水下考古看海上丝绸之路》出版，该书以广阔的视野为读者描述了中国水下考古的缘起、发展与收获，全面回顾了“南海Ⅰ号”沉船的考古历程，是讲好文物背后故事的一个成功的范例。

对于魏峻而言，钻研考古文博专业与向大众普及知识结合了自己的兴趣，他不断深化研究领域，普及前沿观点。魏峻说：“学术性的表达，重在知识的体系化。面向社会公众的宣讲，则是考古文博知识的传播，将专业知识向大众普及。学术前沿的开拓与知识的普及宣讲，两者并行不悖。”

魏峻工作室落户黄埔区以来，既组织过面向专业人员的培训，也进行过面向大众的科普。魏峻表示，黄埔区的民众文化素质很高，有相关的知识储备，科普活动中的沟通交流呈现出显著的互动性。魏峻工作室的团队成员盘点了历年所开展的活动，线下活动有研学交流、黄埔区名家讲坛等，线上传播则大多在文博领域的专业网站进行。据统计，魏峻工作室在专业网站组织的活动平均每场受众有一万多人次，最多时有六七十万人次。“线上传播流量比线下更广，但线上场景感不足。线上线下相结合的形式最好，利用好相应的平台，针对性地采取不同的传播模式。”魏峻如是说。

在大众传播中反思专业发展路径

魏峻主编的《海上瓷路：粤港澳文物大展》一书，在知识普及中融入了很多学术研究的成果。该书分为“东方瓷国”“海上通衢”“瓷艺远播”三部分，汇集了粤港澳三地博物馆收藏的精美外销瓷，以图文结合的形式，再现了当年南海海丝之路的辉煌。“海丝之路或者说古代的海上贸易，不单是中国的事情，也是沿海各国港口串联起来的故事。”魏峻说。

魏峻介绍，自己所做的海丝之路考古研究的重点是与海上贸易相关的文物，这些文物有的是通过陆地考古发掘，在贵族或平民的墓里作为随葬品被发现的，但都与海丝之路有关。放眼世界，环中国海域、印度洋沿线、波斯湾以及地中海地区都有许多沉船被发现，有的还装载有中国生产的各种瓷器，这些发现都给学者们提供了更广阔的研究视野。

用海丝之路的文物图片做成的一幅幅展板，到黄埔区展出时受到居民的热烈欢迎。考古文博知识深入大众进行传播的活动，也让魏峻结合水下考古和海丝之路考古的现状，不断对考古文博专业的未来发展路径进行思考。“博物馆可以对知识进行通俗化处理，面向大众进行传播。到了高校后，我觉得示范教学一定要有体系性、前沿性。”魏峻说，“本科生的基础教育，全面性、系统性非常重要；硕士研究生、博士研究生更多的是研究任务，平时增加研讨的频次，在科研的基础上培养其独立思考的能力，可让学生提炼自己的学术观点。”

考古文博专业要想发展得好，新考古材料的发现、新技术的运用、服务社会发展三者需要并行不悖。魏峻表示，从学术角度而言，新发现的遗址与资料需要运用好当下先进的技术，创新研究方法。考古行业要发展得好，则要将其融入社会大局之中，服务社会发展。魏峻说：“自己的研究兴趣、考古学一级学科的发展、国家战略三者是紧密地联系在一起的。”

“作为考古研究，抓住国际学术前沿的同时，一定要有中国特色。无论是考古研究机构，还是文博、文化公共服务机构，挖掘和保护中华民族优秀的传统文化都是义不容辞的使命，传播知识、传承文化则是应尽的义务。”魏峻最后说。

白永成

钟情艺术事业，演绎戏剧人生

●国家一级演员，中国戏剧家协会会员、中国戏曲表演学会理事、中国艺术节基金会艺术顾问，联合国 TIPS 东方文化中心委员，农工党上海市文化工作委员会委员，上海电视艺术家协会会员，深圳大学教授。

●第十一届中国戏剧节主演话剧《梅兰芳》获得曹禺表演奖，第十二届中美电影节获得电视剧最佳导演奖，第十三届澳门国际电影节获得最佳男配角奖。

●主要代表作：电影《都市刑警》《仇恋》《都市情话》《大丈夫的私房钱》等，电视剧《隐战》《苦乐村官》《摩登岳父》《秦香莲》《浦江叙事》《红蜘蛛》《大案组》《江山为重》《大明王朝 1449》《明末风云》等。

从一名优秀的秦腔演员到一名出色的影视演员，白永成在舞台、银幕和荧屏之上践行着自己的艺术梦想；从“半路出家”的节目主持人到如今担任影视剧的出品人、导演，白永成不断拓展自己的事业领域，用自己的初心践行着艺术之路。

从秦腔舞台到话剧舞台，从影视演员到导演，白永成拥有多重身份。而今，他是一位不折不扣的艺术家、文化商人，但无论身处什么位置，他对艺术的那份执着追求、那份深情之爱都没有消逝。

2021 年 5 月，根据“文创 10 条”、《广州市黄埔区　广州开发区促进文化创意产业发展办法实施细则》等文件的规定，广州市黄埔区文化广电旅游局正式批复建立白永成幸福文化研究大师工作室。2022 年 1 月 7 日，白永成幸福文化研究大师工作室正式落户广州市黄埔区。办好工作室的落户工作后，白永成就开始张罗着把压箱底的话剧《梅兰芳》带到粤港澳大湾区公演，首站就设在广州。

与梅兰芳之间的不解情缘

“工作室落户黄埔，完全是因为喜欢广州这个地方，还有身边一群老朋友的极力推荐。”白永成表示，黄埔有着深厚的文化底蕴，区委、区政府对文化事业支持的力度更是让他大受感动。白永成说：“黄埔地处粤港澳大湾区的桥梁嫁接地，文化信息非常畅通，这也是我来黄埔的主要原因。”

白永成幸福文化研究大师工作室落户黄埔之后，话剧《梅兰芳》公演就开始了正式筹划。跨越时间的年轮，白永成通过舞台，与梅兰芳开始了一段不解的情缘与心灵的对话。

白永成介绍，1994 年一次偶然的机会，他结识了梅兰芳的儿子梅绍武。在交往中，梅绍武认准了白永成能出演话剧《梅兰芳》中自己的父亲梅兰芳这一角色。

白永成说："当时我心里十分纠结，担心演砸，最终是梅绍武先生的充分肯定与信任给了我信心。"为了说服信心不足的白永成，梅绍武亲笔给他写了一封长达 8 页的信。信里梅绍武回忆起其父梅兰芳的人生、其与父亲梅兰芳生活的点滴细节，谈起对这部剧角色的理解等。但最打动白永成的是梅兰芳身上中正平和、不屈不挠的气质，于是他下定决心尝试挑战这一"高峰"。

"作为演员，能够有这样的机会，何其幸运！"著名艺术家、梅兰芳的义女卢燕也发来预祝演出成功的鼓励，这更坚定了白永成挑战梅兰芳这一高难度角色的信心。

1994 年，话剧《梅兰芳》在上海首演成功。白永成回忆："那个时候，我早晨 5 点在雪地里练功、喊嗓子，白天排戏、晚上演出，演出非常火爆，每年要演出几百场次，很多时候一天还要加演两三场……"

这一部话剧对演员的演技、体力、心力是一个大考验，每次演出结束，演员的戏服都会湿透，像从水里捞出来的一样。为了不破坏妆面，白永成把湿毛巾放进冰箱里冰冻，每场戏的间隙，都将冰毛巾塞进后背来降温。白永成以这部话剧中的"穆桂英挂帅"片段为例，说："我要在 5 分钟内'变身'，有 4 个化妆老师帮我神速完成，每次男妆变女妆都是一个大工程。"

时隔 14 年，梅兰芳的儿子梅葆玖加入话剧《梅兰芳》的策划创作，白永成认真地跟梅葆玖学戏，梅葆玖还送给他戏服。有一次，白永成排演《穆桂英挂帅》，唱出程派的味道，立刻被梅葆玖听了出来。梅葆玖觉得白永成是演梅兰芳，不是在演绎自己。梅葆玖说："唱腔没有好坏之分，只有准确与否！"起初，白永成饰演梅兰芳时带着比较明显的个人痕迹，后来经梅葆玖的纠正，他才慢慢演出梅兰芳的气韵，准确拿捏了梅兰芳的形态、性格。"他一字一句地教，真的是师傅带徒弟的样子。"白永成回忆。

台上一分钟，台下十年功。日复一日，历经苦练打磨，白永成在《梅兰芳》剧中的经典梅派唱段深得梅葆玖的真传，被梅葆玖收作行外关门弟子。

白永成无论走到哪儿，都将梅葆玖送给他的戏服带在身边。

话剧《梅兰芳》上演后，载誉无数。2009 年，话剧《梅兰芳》成功荣获第十一届中国戏剧节优秀剧目奖，白永成捧回曹禺表演奖。白永成作为一名演员，讲述自己的表演心得："成为一名优秀的演员，需要具备感悟力、洞察力、吸纳力、鉴别力。"

20 世纪 30 年代，梅兰芳先后赴美国和苏联演出，引发世界对梅兰芳表演艺术的关注热潮。2016 年，白永成在飞机上遇到一位先生捧着杂志看《梅兰芳》的剧照，他前去搭讪，原来眼前的先生是邓宝珊将军的侄孙邓珩。邓珩一直想把叔父与梅兰芳的合照转交给白永成，并叮嘱白永成要到海外去演出，展现京剧文化的风采。

白永成幸福文化研究大师工作室成立之后，白永成与广州的文艺圈子越来越近，并一直关注粤剧艺术的创新发展。白永成表示，严凤英老师的黄梅戏《天仙配》传唱度之所以高，是因为整个演绎特别接地气。他在学习了解粤剧的过程中，也在思考文化创造性转化的问题。他借用了梅兰芳先生的话：“艺术本身不会站着不动，总是像后浪推前浪似的一个劲儿往前赶。”

2022 年 4 月，话剧《梅兰芳》在广州拉开粤港澳大湾区巡演帷幕。白永成表示，期待不同的观众都能在话剧《梅兰芳》中找到自己的故事，每位观众都可以有各自叙事的观点，进而发展专属于自己的文本。“《梅兰芳》首演是在 1994 年，在这 27 年间，我们坚持弘扬京剧文化艺术，勇于实验与创新，同时期待观众愿意打开心胸去感受。”白永成说，“因为只有这样，艺术家们才能保持好奇心，共同追寻未知，更好的跨领域作品才有机会产生。”

2023 年 7 月，话剧《梅兰芳》在粤港澳大湾区的深圳、香港演出，得到了两地观众的大力支持，现场非常火爆。7 月 29 日至 30 日，为庆祝香港回归祖国 26 周年，香港各界文化促进会在香港北角新光戏院大剧场举办大型话剧《梅兰芳》专场演出。2000 多位来自香港文化艺术界、传媒界、各友好社团界、教育界人士和在校师生联同社区基层市民家庭等共同欣赏演出，一睹“梅郎”风采。《梅兰芳》专场演出主办方为白永成颁发了“中华文化传承成就奖”。香港北角新光戏院大剧场《梅兰芳》专场演出引发各界高度关注，反响热烈，好评不断。多家媒体还专门制作了视频，让未能来剧场的观众也能感受到现场的热烈气氛，领略“梅郎”的风采。

白永成表示，非常看好粤港澳大湾区的文化开发潜力，他将走进更多大街小巷，去吸收，去创作。

作为一名文艺工作者，白永成以梅兰芳为榜样，传承戏曲艺术的精华，将其融入当下的影视艺术之中。白永成说：“作为肩负使命的新时代文艺工作者，白永成幸福文化研究大师工作室将进一步挖掘更多的黄埔传统文化，创作出具有本地特色的文化作品，让世界了解更多更精彩的中国故事，助力黄埔文化高质量发展。”

少年用心浇灌秦腔艺术之花

作为一名文艺工作者，白永成的艺术之路起始于秦腔。秦腔，别称“梆子腔”“陕西梆子”，是中国汉族最古老的戏剧之一。秦腔的产生与发展有着深刻的历史渊源与厚重的文化背景，它是以汉族文化为主体，并与其他民族文化融合之产物，可以说是古代丝绸之路上诸族音乐文化交流的结晶，是中华民族文化宝库中的一枝奇葩。

秦腔发展与传播的各个阶段，都深深烙上了鲜明的时代印记。其唱、念全是以陕西关中方言为基础，同时也融入了我国汉唐时期的一些诗、词、曲的语言，共同形成了秦腔艺术独特的声腔风格，即语调高亢激昂、语音生硬、语气硬朗结实等。

1966 年 6 月，白永成出生于甘肃兰州，家中四个兄弟姐妹中，他最小。父亲为军人出身，母亲早年做过秦腔演员，这让他和秦腔结下了不解之缘。10 岁时，他进入甘肃榆中文工团，成为一名秦腔演员，出演了《宝莲灯》《赵氏孤儿》等很多传统戏曲。“总拎着比自己还要高出许多的铺盖卷下乡演出，无论是酷暑日晒，还是三九飞雪，每天往脸上涂抹油彩、演戏。”白永成回忆起少年时代的秦腔演出经历时，感慨道。

少年时代，白永成就表现出对表演艺术的喜爱和不凡的表演天赋。他说自己的模仿能力很强，能把《白毛女》从头到尾跳一遍让家里人看。“母亲的围巾、父亲的衣服编成辫子，自己化妆，大家坐在椅子上，我在炕上给他们跳。”白永成笑言，“《红楼梦》演出的时候，我就看了三四十遍。”

进入榆中文工团后，白永成知道自己要学的是秦腔，便用自己的少年汗水浇灌这株艺术之花。在榆中文工团，白永成每天和几十个小朋友一起练功，因他表现出众，很快就出演了《秦香莲》里东哥的角色，并接续饰演了《三滴血》里的周天佑、《宝莲灯》的沉香、《赵氏孤儿》中的孤儿等重要角色。

白永成的秦腔艺术之路并不是一帆风顺的。虽然母亲是一名秦腔演员，但报考榆中文工团一事，却是家里人和老师都极力反对的。当谈到学习秦腔是不是儿时的梦想时，白永成说：“那个时候真的没想那么多，只是自己觉

得喜欢才去学。”坚守、执着与勤奋，加之天生拥有一副好嗓子、好身段，才铸就了他的艺术之路。

白永成对出演秦腔《宝莲灯》中沉香一角时的情形，至今记忆犹新。“当时台下响起我从未听过的雷鸣般的掌声。”白永成说。也就是在那一瞬间，他忘记了戏词，脑子一片空白。白永成笑着说：“等到掌声渐渐平静后，听到秦腔泰斗级人物单克民老师在侧台大声提词，我才唱完了这段戏。”那一次的登台经历，让白永成在心中认定了舞台就是展现自己人生理想的地方。

十几岁的少年凭借着天赋和汗水，渐渐成为榆中文工团的“台柱子”，挑起了舞台的大梁。“我赶上了好时候，20 世纪 80 年代初，戏曲演出可以用火热来形容，各种剧种到哪都受欢迎。”白永成说。那几年间，白永成出演了多种秦腔经典剧目，在舞台上锻炼了自己，为自己日后的演艺道路打下了坚实的基础。

转向话剧艺术大舞台

机会永远是留给有准备的人的，中央歌舞团赴兰州演出成为白永成人生的转折点。这次演出让白永成平生第一次见识了真正的音乐剧，也让他有了新的目标和动力。看完音乐剧之后，白永成感慨地说：“天外有天，人外有人。中央歌舞团的演员唱得是真好，我要继续学习，提高自己的演唱功底。”

从那时开始，白永成学习歌舞，开启了艺术之旅的又一程。此时的白永成，每月能从榆中文工团领到26块钱的工资，除了交给家里的生活费，剩下的钱他全部用来交学习音乐的学费。

20岁那年，白永成得知上海戏剧学院招考，一直向往外面世界的他，到上海戏剧学院甘肃招考组报了名，并顺利进入复试。可是摆在他面前的难题是文化课，于是白永成抓紧排练、演出的间隙复习。有志者事竟成，最后白永成以专业前三名的好成绩，考入了上海戏剧学院表演系，成为一名话剧表演专业的学生。他告别了西北，来到繁华的上海，一扇新的艺术大门向他敞开。

这是一片不同于戏曲的新天地，上海戏剧学院深厚的人文底蕴更是激发了白永成的艺术梦想。做过戏曲演员、有很多舞台经验的白永成，第一次系统学习话剧时，也曾遭遇过学习的冲突矛盾。“第一次上台表演，老师们都坐在下面观看。演出完毕后，老师们都在批评我这种戏曲程式化的表演风格。”白永成讲述，“当时上海戏剧学院教授话剧的老教授直言，你表演得完全不对，真正的话剧表演不是你这样的，你把程式化的表演带到了这里。”

哪里比较弱，就从哪里补起。别的同学出去玩，白永成就投入精力看表演方面的书和剧本。“我学习过音乐和戏曲，我的声乐永远是我们班里的第一名。从小学习秦腔的唱念做打，形体课我也是班上的佼佼者。这些可能会少花一些精力，表演课就可能会多花一些精力。”白永成说。

在课堂上，时任院长的余秋雨讲授艺术美学、艺术概论，张应湘、安振吉、陈明正等老师亲自教授，也让他尽情地汲取着话剧艺术的养分。上海青年话剧团毗邻上海戏剧学院，这里是白永成常去的地方。在课堂上有名师的指点，课余生活又在上海青年话剧团里度过，浸染在艺术氛围里的白永成，正在蓄积表演艺术的能量。

在上海戏剧学院就读期间，白永成先后出演了话剧《再见了，巴黎》《榆树下的恋情》《北京人》《曹植》等多部大戏。四年的求学生涯结束后，白永成的表演更加成熟和系统化。在上海戏剧学院，他练就了扎实的基本功，并顺利考入了上海青年话剧团，成为一名真正的话剧演员，并在一些影视剧中崭露头角。

上海青年话剧团由熊佛西创立，后与上海人民艺术剧院合并组建上海话剧艺术中心。在上海青年话剧团，白永成先后参演了《三声笛》《股票的颜色》《谁是赢家》《毛遂之死》《亨利四世》《爱又如何》《情人树》《我和春天有个约会》等多部话剧作品。这也让他的表演逐渐走向成熟，并在业界和观众之中产生了一定的影响。

他主演的话剧《幸福的日子》在日本演出后，受到了日本观众和同行的一致好评。他主演的小品《八月的离别》，因具备舞台艺术的鲜明风格和浓厚的生活气息而获奖，也成为跟随上海市领导下基层的保留节目，到上海的部队、工厂演出了几十场。

从演员到导演、制片人的转型

白永成谈起他的从艺生涯以及与粤港澳大湾区的情缘，总会有不尽的感慨。2021 年 12 月 20 日至 29 日，第 13 届澳门国际电影节举行，白永成在此届电影节上斩获最佳男配角。当这个奖项意外落在他身上时，白永成只是很谦虚地说：“这给了我很大的信心！”

从荣获第 13 届澳门国际电影节最佳男配角到白永成幸福文化研究大师工作室正式落户广州市黄埔区，这个在西北出生、在上海求学、在北京打拼了半辈子的男人，如今又想在粤港澳大湾区闯出另一番天地。

2023 年 9 月，由白永成幸福文化研究大师工作室主导制作，白永成做导演，深圳大学艺术学部戏剧影视学院、音乐舞蹈学院联合创排的大型歌舞剧《花泪》正式启动。2023 年 12 月 13 日《花泪》在深圳大学黑匣子剧场首演，连演 9 场，座无虚席，呈现了一台集歌舞、话剧、多媒体于一体的艺术饕餮盛宴。

白永成在话剧舞台之外，也参演影视剧作品。最初主要是正剧，包括《都市刑警》《红蜘蛛》等刑侦题材的影视剧作品。公安剧《中国神探》激发了白永成创作公安剧的热情。“我太喜欢公安题材了，但是在导演《中国神探》时，我总觉得自己对这类题材的把握还不太上手，所以在这之后我一直潜心研究，到后面就一发不可收拾。”白永成说。

2007年，白永成执导的又一部公安剧《大案组》问世，该剧以我国缉毒警察与贩毒犯罪分子展开殊死斗争的故事为主线剧情。白永成表示，这么多年过去了，《大案组》的故事依旧令他回味无穷。

因为对公安剧足够热爱，白永成在公安部金盾影视文化中心资深制片人郭现春老师的支持下，导演了《正道无敌》。《正道无敌》的拍摄过程，远比他想象的艰难。剧组工作人员光是聆听缉毒警察的英雄事迹还不够，白永成还要去各处走访，了解缉毒警察的真实人生。

“我们在《正道无敌》开机前一个多月时拜访了咸阳公安，他们也给予了我们极大的支持，剧中饰演警察的演员随当地的缉毒警察一起荷枪实弹地参与抓捕毒贩的行动。”白永成谈到实地采风时说。真实的缉毒体验对白永成和他的演员团队帮助极大。

白永成在影视剧中饰演的角色千差万别，犹如孙悟空的七十二般变化。在时尚家庭都市婚恋喜剧《摩登岳父》中，白永成上演了一段忘年恋，为了向岳父表忠心，用尽办法。在《您好，北京》里，白永成饰演了一个北漂中年创业男人，他过往的北漂经历使他与戏里的角色有许多共鸣点。

白永成说：“无论是电视剧、话剧，还是电影，观众的口味都在变化，表演方式一成不变的话，观众会接受不了。他会觉得你离我很远，不是邻家的感觉，你没有走到我的生活中。现在表演都要用很高级的方法，去演绎你的角色，让大家觉得你很亲切。”

白永成表示，作为演员，需要全身心地投入角色中，“虽然在拍摄时，我觉得自己已经很用心了，但当我看到这部剧正式播出之后，我还是会觉得自己当时的表现可以更好，尽管我把握到了角色的每一个细节，但是我总觉得还是不够满意。”

这些年，白永成既当演员，又当导演。他还执导了扶贫剧《苦乐村官》《一个都不能少》。在拍摄扶贫剧《苦乐村官》《一个都不能少》前，白永

成和他的编剧团队特地前往贵州、甘肃、云南等省中相对落后的农村驻营，和当地的村民一起生活，从而寻找素材。

白永成表示说："这是一个多元化的时代，我既要当演员，还要做导演、做编剧，且对新媒体非常感兴趣，我觉得我现在要做的事情太多了。"

谈到对导演一职的认识，白永成认为，现在的导演应该有制片人的素质、作家的风范、领导的才能，有调动社会资源的能力，还有对艺术性的把握，这样才可以成为合格的导演。

"从演员到导演再到出品人，我把每个角色都走一遍，对我以后的创作非常有帮助。尤其是在影视寒冬的当下，把所有本领学到自己身上，就可以规避风险，在自己的能力范围内把事情做到最好。"白永成笑着说，"其实我觉得演员、导演和出品人是很矛盾的职业，演员只需要把握自己的角色就好，导演则需要保证片子的质量以及后期与发行的沟通，而出品人则需要纵观全局，肩负着这部剧所有的成败细节，承担着这部剧所有的责任。一个演员本不应该在一部剧中身兼数职，因为这实在是太难了。”

用艺术创作向扶贫工作致敬

深入生活、扎根人民，热爱生活、热爱人民，白永成把自己从事的事业，当成是一种理想、一种追求、一种信仰，为之奋斗，心无旁骛。白永成用自己的艺术创作践行自己的从业初心，向扶贫工作致敬。在他看来，这正是他身为艺术家的使命。

“我从小目睹了贫困带来的不易和辛苦，所以我觉得我有必要去做一些对脱贫攻坚有益的事情，我觉得这也是我从事这个行业的初心。”回想起拍摄扶贫剧《苦乐村官》《一个都不能少》的初心，白永成认为自己应该用艺术创作的力量，助力国家精准扶贫。

在白永成的创作规划中，呈现“精准脱贫”和“乡村致富”的作品会组成三部曲。《苦乐村官》讲的是扶贫，《一个都不能少》是关于脱贫攻坚的，第三部《美丽乡村》将是一次脱贫的成果展示。《一个都不能少》是创作团队遵照国务院扶贫开发领导小组办公室（以下简称“国务院扶贫办”）的指示创作的，国务院扶贫办从剧本阶段就给予关注、扶持、斧正。

《苦乐村官》是由中央电视台、上海保奇影视文化发展股份有限公司等联合出品，白永成执导的扶贫剧。该剧通过演绎甘肃天水山区基层干部的生活点滴，讲述了基层干部带领群众脱贫致富的故事。白永成回忆起拍摄《苦乐村官》时的场景说：“当时拍摄真的是挺苦的，最难忘的是和猪圈连在一起的简陋的农家厕所。当时有一位摄影师，坚持拍了三天，就因为厕所的问题，身体产生了不适，最后无法坚持，只能回去了。摄影师能换，演员不能换，女演员们就不喝水，整天憋着。”

《一个都不能少》也是由白永成执导的扶贫剧。该剧讲述了我国西部某县的贫困村焉支村合并到该县最富裕的丹霞村后，两村村民逐步摈弃过往嫌隙、共同走上致富道路的故事。出发去张掖拍摄《一个都不能少》之前，白

永成其实还是有点担心厕所的问题，结果到了村里一看，再也没有三年前和猪圈连在一起的那种厕所，家家户户都有了洁净的厕所。“后来我们才知道，原来扶贫办帮助家家户户改建了厕所，我这次去村里，还看到了达到五星级酒店标准的厕所。短短三年时间，变化太大，太不可思议了。”白永成绘声绘色地说。

拍摄《苦乐村官》《一个都不能少》这两部影视剧时，白永成对演员提出了更高的要求，他们都要下乡体验生活。白永成从贫富差距着手对演员进行造型设计，要求既保持中国西部农村特有的色彩，又强调互联网导致城乡无差距的时代特征，坚持演员造型与当地农民一致。

白永成说：“由于张掖海拔高，紫外线强，当地人肤色普遍黝黑，男演员们为了让自己饰演的角色更接近生活，更富有烟火气，硬是把自己的肤色晒黑。当时拍摄与群演一起的大场面戏时，男演员们被当地村主任误认为是本土群众演员，通知前去领盒饭和补助费。”

扶贫大军经历的困难，剧组也感同身受。张掖海拔较高，《一个都不能少》剧组刚到时虽是盛夏，但那里的气温却很低，空气异常干燥，紫外线极强，团队中许多人出现了头疼、无食欲、流鼻血、舌头发麻等不同程度的反应。

通过这两部影视剧的拍摄，白永成深入地走进乡村。他认为，现在扶贫的难点是“扶志”，虽然互联网时代信息发达，但个别地区仍然存在多年沉积的陋习和陈旧的思想观念，“等、靠、要”的习惯还是很严重，即便是物质上已经脱贫了，但如果思想上不脱贫，返贫的现象很有可能还会出现。“我们希望通过影视剧的创作，给他们念念‘致富经’，能够潜移默化地教他们一些致富的具体方法和扶贫的经验。”白永成说。

白永成用他的初心和信仰在践行艺术之路上步履不停，塑造的作品永远都深入群众的真实生活，让人看来写实而又接地气。白永成幸福文化研究大师工作室将是他艺术之路上一个重要的脚印，在这里将有更多的艺术工作者为人民而创作。

孙捷

行走在非遗传承与时尚设计之间

●国家海外高层次特聘专家、教育部人事司人才评审专家，英国皇家艺术学会会士，获荷兰文化部“优秀文化艺术人才”荣誉头衔。现任同济大学长聘特聘教授、博士生导师，时尚与设计创新中心主任；兼任海外高层人才艺术设计研究院（广州）有限公司名誉院长，青岛大赞当代美术馆（SV MoMA）名誉馆长、首席策展人，TRIPLE PARADE 国际当代首饰双年展组委会主席，国际湾区可持续设计 DA-FUTURE 组委会主席，上海市侨联青年总会理事。

●曾获得过多项国际奖项，作品被永久收藏于美国休斯敦美术馆、丹麦皇家科灵博物馆、西班牙巴塞罗那设计博物馆等 6 座世界一流文化机构，受邀参加过 70 余次国际重要艺术展览与设计盛会，在 30 余次重要的国际会议、论坛发言与主题演讲，包括世界设计博物馆论坛、中荷文化传媒论坛、中法文化论坛等。

用知识的力量，播撒艺术创意的种子，让“非遗扶贫”有了新的生命磁场。同济大学时尚与设计创新中心主任孙捷教授用自己的专业知识践行艺术创造的初心，挖掘隐藏在多重文化、审美、生活方式背后的设计潮流，通过“中国非物质文化遗产传承人群研修研习培训计划”，潜移默化地改变贫困地区学员们的思维，让非遗走进现代生活，让非遗活态化传承。

在响应“人才强国”国家战略的背景下，孙捷作为海外高层次人才被吸引回国。在广州市时尚产业迎来全新发展机遇的当下，由广州市黄埔区文化广电旅游局指导的重点工程——黄埔区文化人才工作室全面开花，孙捷工作室应时、应势、应运而生。黄埔区在高端日化和时尚产业方面有很大的发展优势，并充分发挥其文化人才工作室项目——孙捷工作室在人才、品牌等方面的资源优势，通过产、学、研相结合的方式，培养出符合社会和市场需求的时尚产业优质人才。

“从古至今，传统手工技艺文化最重要的就是人主动去认知大自然和从大自然中去发现、创造。这种对大自然的认知和生活生产的改造，在传统手工艺发展中得到了很好的体现。但是，在整个历史的发展脉络中，一些特殊原因，导致非遗手工艺术在某种程度上脱离了从高速工业化社会演变而来的当代城市生活。”孙捷讲述着自己对非遗作品与艺术设计的思考。

孙捷表示，随着社会的发展，工业化进程已经开始走入另一个维度。人们开始认识到，除了工业化大生产，非物质文化能让我们找到存在感和生活感，这个非物质性包括文化感知力。文化感知力非常重要，但不是所有文化都能被感知和理解，这个感知力也来源于对非遗传统工艺的传承和借鉴。

非遗保护与传承应是“活态传承”

作为一名海外高层次人才，同济大学设计创意学院青年教授孙捷没有想到，扶贫方式正日益多元化，除了耳熟能详的产业扶贫、就业扶贫、教育扶贫、健康扶贫之外，非遗扶贫也成为近几年的社会关注点。他和其他教授以联合授课的方式，将知识和思维传递到贫困地区，以更“聚合”的方式去实施非遗扶贫。

据介绍，“中国非物质文化遗产传承人群研修研习培训计划”是2015年以来，由文化和旅游部、教育部、人力资源和社会保障部共同实施的项目。其中，包括木雕雕刻技艺研修班、龙泉青瓷烧制技艺研修班、竹编柳编草编编织技艺研修班、陶器烧制技艺研修班、漆器髹饰技艺研修班、景德镇手工制瓷技艺研修班、金属锻制技艺研修班、手工制纸技艺研修班等，累计已培养全国各地学员294名。这些学员主要是来自各地的传统手工技艺和传统美术的非遗传承人，而其中又有一部分来自贫困地区。

孙捷讲述了自己和非遗扶贫的一段“前缘”。在加入非遗研培班之前，2016 年他曾参加过一次高层次人才扶贫项目。当时，上海派出了不同领域的专家和学者，有医学界的、教育界的、经济界的，而孙捷是设计和艺术学方面的。大家来到云南腾冲，分享自己的专业知识和各自对社会发展模式的理解，将相关学科的成功案例输出到贫困地区。

“腾冲有中国非常大的珠宝翡翠集散地，但是同质化和初级加工的样态，并没有提升珠宝翡翠的美感和附加值。”孙捷说，“当时的实地走访和交流让我印象深刻，我也意识到扶贫更重要的是带去一种理念，即如何将设计作为一种方法，授人以渔。”生活在变，器物也在变。在传承的同时，让非遗进入当下人的生活，这是研培的初衷，也是学员的期盼。因此，作为授课老师，孙捷认为，非遗的保护与传承，一个重要的理念就是“活态传承”，让传统的非遗融入当下的经济和社会生活。

在非遗研培班上，有来自贫困地区的学员，他们的手艺已是炉火纯青，但没有意识到把非遗传承与社会发展结合起来，只是一成不变地按部就班进行非遗艺术制作，并且抗拒各种改变。对此，孙捷在课程设计上，首先是让学员感知社会的变化和发展。“我希望他们先理解整个语境的变化，只有当他们理解了语境的变化，才会懂得要跳出原来的框架和边界，换一个角度去看世界的需求，从而敢于去做一些改变和尝试。”孙捷表示，这些学员，每一个人不仅代表自己，更担负着传承优秀文化的重任。保护和传承非遗，既要融入传统特色，又要迎合时代需求，还要能真正带来经济收益。

来自云南省德宏傣族景颇族自治州芒市的李世明学习、从事非遗项目玉雕十几年了，他在来上海参加非遗研培班之前，雕刻最多的就是佛像。李世明说：“周围人都雕刻这些，自己也就跟风雕刻，没想过更多的尝试。”

在孙捷看来，像李世明这类学员，就要鼓励他们有自己的创意和想法，即对于语境的认知，这在设计创新中很重要。孙捷进一步阐释自己对“语境的认知”的理解，包含文化的语境、社会的语境、环境的语境和自我的语境的改变，这是非遗研培班的第一阶段课程。

到了非遗研培班的第二阶段课程，孙捷才会讲述当代设计。他把设计作为一种思维改造方式，鼓励在传统工艺流程中尝试改变一些环节和要素，从而产出不一样的结果。

非遗研培班的第三阶段课程，主要是针对学员自身的艺术构思、作品创作取长补短，并培养学员将其创作与当下生活结合起来的思维与能力。孙捷说：“经过所有授课老师的讲授，学员们会通过头脑风暴，提交未来作品的设计方案。通过学习和实践，学员们进一步了解创新设计的方法和流程，体悟如何将传统技艺与现代设计真正融会贯通。”

每次研修课程历时 30 天，之后学员们将回到各自所在地，再通过两个月的时间，将自己的设计作品变成实物。同济大学设计创意学院还会在每一期非遗研培班结束后，精心策划一场学员的非遗作品成果展览，并对公众展出。“这个展览像是一个华美的舞台，许多人仿若脱胎换骨，带来创意成品和满满的惊喜，这也让每一位参与授课的老师由衷地感到欣慰。”孙捷说。

和秀红和王正琼是一对来自云南的纳西族夫妇，现为东巴造纸非遗传承人。2019 年，他们来到上海参加第 8 期手工制纸技艺研培班，其结业作品《住生时光》被同济大学设计创意学院收藏。这件作品是夫妇二人用东巴纸做的一把精美纸伞，结合了工艺、设计表达和“二十四节气”的元素。“能有机会来上海学习，我们收获很大，并切身感受到思维的变化。”和秀红说，“过去我们就做传统的东巴纸的传承和经营，现在越来越多地开发起依托于东巴纸的文创产品。”

因为承载了更多的实用功能，依托东巴纸设计的文创产品被大众喜欢，也让这项非遗真正融入现代生活，和秀红和王正琼两口子的经营范围不断扩大，生活也得到了显著的改善。如今，和秀红和王正琼还在当地经营的门店里辟出一块东巴造纸的体验区，让游客亲手触摸东巴纸，体验东巴造纸的生产工艺流程，感受这份传承和匠心。

“作为一个青年人，有幸参与国家的脱贫攻坚战，我感到十分荣幸。通过此前实地走访，我认识到教育工作者身上肩负的历史使命和时代担当，我们可以从大学教育的视角传达创新之要义。”孙捷表示，“我们并不奢求研培班的‘速成效应’，让每个学员都变成一个设计大师或变成一个创业者，但我们可以力所能及地在知识、思维的启发上，带给他们一个新的世界，让他们了解到创造力会带来无限可能性。”

学员点点滴滴的成长，对孙捷来说都是难忘的惊喜。李世明如今的玉雕题材延伸到了生活中的花鸟鱼虫，他用不断精进的技艺赋予了玉石新的表现方式，订单量也比过去多了两三成。还有一些学员在当地开设了培训班，做起了手艺“输出”，开发出更多的文创产品。

“我们的非遗要走进国际视野，需要每位传承人的时代使命感和自身责任感。期待他们在未来的艺术创作中，继续寻求突破，找到新的可能性，在文创当中找到创作的本源。”孙捷说。

跨界协同推动文化产业发展

黄埔区在文化艺术产业方面有很大的发展优势，在黄埔区文化广电旅游局文化人才工作室项目的支持下，孙捷工作室于2020年在黄埔区成立。工作室自成立以来，在黄埔区已举办了3次重量级国际视觉艺术大展，分别是“高光时刻——国际当代视觉艺术大展”（2021年）、“透过美的思考——国际当代艺术展览”（2022年）和“新生活的召唤——国际当代艺术与时尚设计大展”（2023年）。

“高光时刻——国际当代视觉艺术大展”由黄埔区文化广电旅游局指导，孙捷工作室、海外高层人才艺术设计研究院（广州）有限公司等机构主办，黄埔区图书馆协办。该次展览在黄埔区图书馆香雪馆举办，由三部分活动组成，分别为当代视觉艺术作品展、当代设计与艺术高峰论坛和以“全球视野下文化创意产业的发展与市场需求的变迁”为主题的讲座。

当代视觉艺术作品展特邀超过15位当代新锐艺术家和多位知名艺术家、

专家、学者参与，展出当代视觉艺术原创作品与艺术衍生品百余件，涵盖绘画、摄影、雕塑、装置艺术品等多种形式，为公众带来了一场高品质的艺术文化盛宴。

当代设计与艺术高峰论坛将视角锁定于当代设计与艺术的产业、市场和未来前景，湖北美术学院银小宾教授等五位嘉宾从不同的领域与视角开展圆桌对话，深入探讨对当代设计与艺术产业的理解及如何对已落地的产业进行优化提升，106 位来宾参加论坛。时任黄埔区文化旅游发展中心主任的林剑豪在论坛上表示，当代设计与艺术产业是当今文化产业中重要的一环，应关注并大力支持文化产业，鼓励跨界协同推动文化产业良性发展。

在以“全球视野下文化创意产业的发展与市场需求的变迁”为主题的讲座上，孙捷深入浅出地对文化创意产业进行独到解读，列举全球文化创意产业翘楚如何发展及适应市场需求，用最贴近生活的内容让听众了解当代文化创意产业与当代艺术设计。讲座还围绕该话题与在场观众进行面对面的探讨，并就文化创意产业与市场需求的关系展开深入交流。

“高光时刻——国际当代视觉艺术大展”打造了新生代艺术家展示平台，为公众提供了高品质的艺术文化互动，丰富了公众的艺术文化体验，做到以美育人、以文化人，助力培育大众审美和人文素养。因此，展览受到年轻群体的欢迎，不少“90 后”“00 后”纷纷前来打卡，体验不一样的视觉艺术。

“透过美的思考——国际当代艺术展览”是由孙捷工作室、海外高层人才艺术设计研究院（广州）有限公司主办，黄埔区图书馆、广州市黄埔区旅游协会时尚文化分会协办的一次国际性当代艺术展。该次展览响应了“人才强国”的国家战略，实现了以国际文化艺术人才驱动黄埔文化艺术的高品质发展。

该次展览汇集了多位活跃于当代艺术舞台的重要艺术家的80余件作品，从不同方面展示了国际当代艺术近年来的发展和变化，同时也力图呈现这些艺术家个体的思考及其与当下文化与社会情境的互动。孙捷认为，当代艺术是传统艺术的多样化呈现与发展，更是艺术家个人思考与表达的手段。

该次展览从一种比较含蓄和多义的角度，概括和描述了当代艺术家的个人经验，这种经验既指当代艺术家日常经历的场景，也指当代艺术家对生活和美的理解。观众在这些作品中可体会艺术家的审美、情绪、意愿、想象、冲动，也可看到他们的困惑和疑虑。“这种精神因素的社会发展是现代性带来的，也是透过艺术之美来传递的一种思考方式。”孙捷说。

“新生活的召唤——国际当代艺术与时尚设计大展”由孙捷工作室、黄埔区文化广电旅游局、海外高层人才艺术设计研究院（广州）有限公司联合主办，黄埔区文化馆、黄埔文化（广州）旅游发展有限公司协办。该次展览从多维度展现艺术与时尚设计的关系，从珠宝、服饰、皮具、潮流艺术原作、非遗等多元的表现形式出发，为观众提供了不同角度下认识时尚及当代艺术美和价值的机会。

三次大展特邀多位活跃于当代艺术界的国内外艺术大家参与，参展作品

超过400幅，仅黄埔区参观人数就超过2.5万人次。

“参展的每位艺术家有着不同的个人背景与观念，他们会基于自己作为一个社会个体去洞察和思考，通过有理论和有方法的体悟去寻找灵感，将其注入自身当代艺术的实践过程中。其概念和思想已经超越了本身语义的障碍，他们的作品反映着当代社会的趋势和文化艺术的变化。”孙捷说。

孙捷介绍，在“高光时刻——国际当代视觉艺术大展”“透过美的思考——国际当代艺术展览”和“新生活的召唤——国际当代艺术与时尚设计大展”举办期间，还举办了相关内容的主题讲座4场和论坛3场。

三次大展的成功举办，不得不提及海外高层人才艺术设计研究院（广州）有限公司。海外高层人才艺术设计研究院（广州）有限公司是以大时尚与生活美学为主要研究领域，由孙捷担任名誉院长的国内高层次产学研商相结合的机构，是以“设计+”为驱动，以设计研究、设计实践、顾问、教育

培训、文化与策划管理为主线业务，以“创新领袖”为导向的多功能国际、国内合作发展平台。

海外高层人才艺术设计研究院（广州）有限公司以孙捷工作室团队为核心，主张通过秉承“设计+”创新整合文化、时尚、生活、艺术、美学等要素，在教育服务、设计服务、其他商业服务等领域开拓先机，引进国际一流的时尚设计人才和专业机构，实现对区域与企业可持续化发展的消费升级与产业升级。在社会创新方面，海外高层人才艺术设计研究院（广州）有限公司以艺术和时尚设计为驱动力，以推动城市文化创新与发展为导向，自上而下推动“文化艺术活跃体”在中国落地实施。

2020年11月，孙捷工作室举办了“尚·美学——JEWELRY IS A PARTY”艺术沙龙，让观众体验不一样的珠宝首饰，感受新工艺、新材料的珠宝首饰不一样的魅力。同年12月，孙捷工作室获得由广州市商务局颁发的“花城时尚优秀服务平台奖”。此外，孙捷工作室于2021年9月，举办中法艺术沙龙；2021年11月，举办中俄艺术沙龙；2022年9月，与黄埔文化集团共同成立南方时尚学院；2022年9月，经批准成立广州市黄埔区旅游协会时尚文化分会。

孙捷表示，这些展览、活动的举办以及学院、协会的成立，搭建了黄埔区时尚文化类企业的交流沟通、时尚文化人才互动及培训教育的平台，真正意义上实现了国际与国内高端文化艺术和市民生活之间的对话，将高端的艺术文化带入了黄埔区，为黄埔区乃至整个广州市的当代艺术、时尚文化、生活美学等方面的发展，贡献了孙捷工作室的一分力量，产生了较大的社会影响。

从学术视角为时尚设计建立研究体系

时尚设计作为一个典型的交叉学科，涉及很多方面。而时尚设计的研究，大多集中在时装纺织品和历史文化领域，极少关注首饰和相关高附加值型产品，尽管全球时尚奢侈品牌三分之二的利润并非来自纺织品，而是来自珠宝首饰和相关时尚产品。同时，对首饰和相关高附加值型产品的研究，也通常集中在历史文化、传统工艺技术及宝石材料学等方面，很少有从当代设计理论和方法的角度，去探讨时尚与首饰的关系，以及首饰与相关配饰设计在时尚中的角色与价值。

2021年6月，由同济大学设计创意学院孙捷教授主持、瑞士日内瓦艺术设计大学伊丽莎白·菲舍尔教授共同编写的全英文版设计学与时尚学著作 *Spirit of Luxury and Design：A Perspective from Contemporary Fashion and Jewellery* 由美国ORO Editions出版社在全球出版发行，填补了时尚设计研究在这一领域的空白。经过一段时间的编辑出版筹备，集结英、美、法、荷、中、瑞、澳、德、日、韩等国家的19位杰出学者的倾力贡献，该书中文版《奢侈品设计之灵：当代时尚与首饰》由同济大学出版社出版。截至2023年底，该书已经被收录在全球多家图书馆。

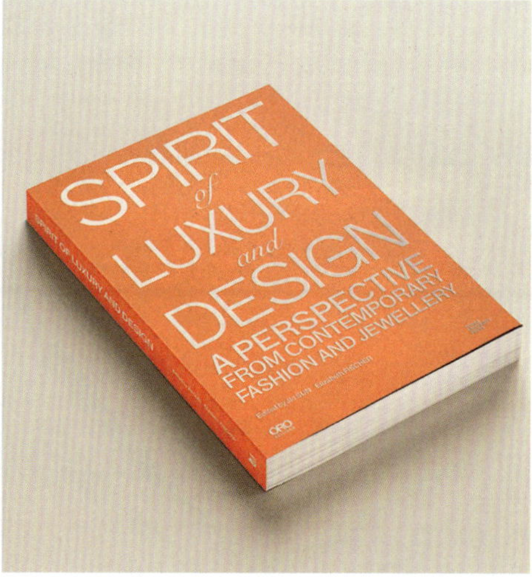

《奢侈品设计之灵：当代时尚与首饰》全书共 10 万余字、100 余幅插图，包括五章：第一章作为引言，针对书名“奢侈品设计之灵”，探讨了当代设计在时尚奢侈品发展历程中的角色；第二章“灵感与未来”的 14 篇文章，从艺术、设计、材料与文化角度，对时尚与首饰进行思考；第三章“归属与学科交叉”的 4 篇文章，继续探讨可持续化发展与新技术对首饰设计发展的影响；第四章“对话与沟通”的 2 篇文章从展览策划角度进行了探讨；第五章的结语为该书画上圆满句号的同时，也落下了历时近 3 年的 WoSoF 全球时尚与首饰创新项目成功完成的帷幕。

该书意在帮助不同背景的读者重新审视首饰与相关配饰作为一个特定的主题和专业领域的发展，为时尚设计研究的发展赋予新的启发性视角及行业创新发展的可能性。孙捷阐述了该书的创新之处：

第一，该书以当代的时尚奢侈品牌与艺术设计的关系及其产品的创新脉络开篇，结合设计学、时尚学、文学和艺术学的宏观视角，挖掘首饰与相关

时尚产品的设计思路与方法。

第二，该书将研究的视域扩展到广义的时尚学研究框架中，将首饰与相关时尚产品从单纯配饰或服装工程、传统金属或珠宝玉石工艺、当代视觉艺术或材料实验、工业或文创衍生品中独立出来，在“设计学”和“时尚学”的维度下明确了研究体系。

第三，该书无论是在中文世界还是英文世界，都是极其少有的。在设计学和时尚学的层面，从国际化视野，有理论和有方法地从艺术设计与文化、可持续化发展与新技术、策划与管理三个方面展开，论述时尚与首饰等高附加值型产品的设计。

该书的编辑与章节的撰写经历了两年多的时间。孙捷表示，一方面，是基于2018年底首届WoSoF全球时尚与首饰创新设计论坛在上海的成功举办，该书对特邀演讲者发言稿进行了重新梳理和采纳编辑，还有一部分是基于该书的出版而特邀学者撰写的；另一方面，时尚与首饰相关的学术研究通常很少从当代设计理论和方法的角度，去探讨时尚与首饰的关系，以及首饰与相关产品设计在时尚中的角色与价值，该书的出版发行在当下也就显得非常有必要。

许多阅读过该书的读者表示，比起市面上以观赏和了解为主的时尚类图书，这本书从学术的视角出发，通透地为读者剖析了“时尚首饰”这一领域的“前世今生”。

时尚研究是非常典型的交叉学科

如今的时尚研究是多个学科的交叉，涉及历史（服装与首饰史）、设计学、艺术学、哲学、社会学、人类学，也包含区域文化研究、性别研究、媒体与传播研究、工程与技术研究、材料学研究等。法国哲学家米歇尔·福柯曾认为，时尚是一种文化体系、一种话语、一种实践、一种产业。简而言之，时尚其实是传统文化在现代社会生活中最好的传播者和创新者，设计是方法。

孙捷工作室担负着传承优秀文化的重任，也担负着创造无限可能的责任。保护和传承非遗，既要融入传统特色，又要迎合时代需求。对于文化传承与时尚创意生活的认识，孙捷认为，大众其实一直存在两个误区，一是把“时尚”和“传统”完全割裂开，二是把“潮流现象”当作时尚。

“设计学的时尚研究是我的一个重要研究方向，其实学科中对时尚的理解是有几个维度的。它是一个非常典型的交叉学科、跨学科的主题，所涉及的不仅仅是物质文化的层面，比如服装纺织品、首饰与配饰、家居产品、商业品牌空间等；它还有一个层面是作为符号系统，符号系统包含了潮流、风格等流行趋势。”孙捷说，“除了这两部分，时尚同样指生产与销售某种物质产品的商业体系，时尚是现代性与后现代性紧密相连的社会文化。时尚涉及无数个人与集体的物品与符号，对自身的创造、生产、消费、分配和再现的实践。”

孙捷补充道：“时尚也代表着现代性跟后现代性紧密联系的社会力量，也就是说社会中它的后现代性跟现代性之间的关系，都是在时尚运作中去发生联系的，为了让人们能够构建和创造出更适合于当代人的生活方式。”

从孙捷的讲述中不难发现，时尚和传统文化同样涉及符号语系、手工艺术、生活方式，它们其实完全不矛盾。例如荷兰女服装设计师艾里斯·范·荷本，她将多学科技术与复杂的手工工艺相结合，超越了界限，她的很多高级定制作品设计先锋前卫，成为一股时装变革的力量。在中国，当下一个典型的案例就是国潮的兴起。国潮包含了时尚文化和传统文化在物质上的应用，是各种元素和符号的创新。孙捷表示，从这里可以看出，大众理解的时尚与传统文化不仅不冲突，两者之间反而可以很好地融合，产生出新的时尚生活方式。

孙捷创作的“TRAVELING IN MY HEART”系列 2 号（中文名 “内心的旅行”，首版原创于 2011 年，孤品）与“YOUNG & BEAUTIFUL” 系列 5 号（中文名“花样年华”，首版原创于 2015 年，孤品）被收藏于加拿大蒙特利尔美术馆，成为永久馆藏作品。

加拿大的蒙特利尔美术馆是加拿大历史最悠久的国家级艺术博物馆，也是北美最具影响力的美术馆之一，与伦敦泰特现代博物馆、纽约现代艺术博物馆、巴黎乔治·蓬皮杜国家艺术文化中心、芝加哥美术馆等顶级文化机构齐名。蒙特利尔美术馆拥有相连接的旧馆与新馆两座大型建筑，新馆典藏了大量世界知名的现当代艺术家作品，包括绘画、雕塑、装置影像艺术、建筑、实用艺术等类别，其中不乏毕加索、达·芬奇、伦勃朗、雷诺阿和塞尚等世界名家的作品。孙捷表示，作品获该馆永久馆藏是世界一流文化机构对其设计实践作品的艺术和历史人文价值的充分肯定。

“YOUNG & BEAUTIFUL”系列 5 号创作并完成于 2015 年，是基于“叙事空间与现实主义首饰逻辑”研究的思考与实践探索。据了解，该系列作品的设计灵感来源于设计师个人的一段刻骨铭心的情感经历，结合莎士比亚的戏剧作品《第十二夜》中主人翁坠入爱河时的复杂情感这一素材进行了升华。

孙捷进一步解释，莎士比亚的创作注重对人物内心的刻画，表现了人物鲜明的个性和情感，在人文主义的光芒下歌颂着爱情的纯真和对美好生活的向往。其文本的叙事空间有明显的层次感，读者很容易感知到不同空间里事情的联系，产生跌宕起伏的情绪碰撞。在现实世界里，也许我们很难让情感离开心理空间而转译到具体形态的物理空间中，但艺术作品可以做到这一点。

对艺术作品而言，叙事空间的核心是想象的空间。首饰作品中的叙事空间是欣赏者和佩戴者对创作者在叙事首饰的故事和话语层面空间化设置的情感知觉性或想象性的建构，这在“TRAVELING IN MY HEART”系列作品中同样有所描述。从创作者（设计师、艺术家）的角度讲，作品是把内心对叙事空间的想象外化为现实物质的表现；从欣赏者和佩戴者的角度讲，作品则是通过再造想象对设计师主体创造的叙事空间的个人化主观复建。相较于二维的文字和图像，具有实用功能的三维造型的空间转译在构建叙事语境上更具优势，例如建筑、首饰等。

加布里尔·佐伦在1984年发表的论文《走向叙事空间理论》中提出了一套比较系统和实用的叙事空间理论模型，他将空间在纵向分为三个层次：物理的空间、时空的空间、文本（包含语言、视角、修辞三个方面）的空间。他认为，对叙事空间问题的讨论是建立在文本虚构的世界基础之上的，并强调了空间的建构是一种读者、观者积极参与的建构过程。

此次加拿大蒙特利尔美术馆的永久馆藏收录，是孙捷的设计作品第六次被世界一流美术馆永久馆藏，前五次分别为丹麦皇家科灵博物馆、美国休斯敦美术馆、意大利当代首饰艺术基金会、西班牙巴塞罗那设计博物馆、荷兰阿珀尔多伦CODA美术馆。

孙捷既是一名创作者，也是一位教育家，还是一位学者，多重身份的集合，让他对创意设计有了更多的认识和理解。孙捷认为，设计的本质就是尝试改变、再创造和再创新，当代的设计不仅仅是对物质形式的改变，更是作为方法，对系统和思想的改变。这就说明当代设计存在着两个角度，一个更多是针对视觉和物质形式的设计，另一个实际上是作为方法的设计。“前者更接近艺术的设计，后者则更倾向于工程的设计，但当代设计学研究和理解的设计恰恰是两者的结合，是一个典型的交叉学科。多元的文化自然就成为设计天然的活水源头，设计则成为文化和社会发展的驱动力。”孙捷说。

孙捷认为，文化的修养很重要，这里的文化并非单单指传统文化，还有多元文化和现当代文化，是对不同维度文化的理解。“对文化的修养，也会产生一种认同感，但我不认为‘文化认同感’是随便找一个文化，然后就觉得自己感性和主观地有了某种文化认同感。”孙捷表示，“事实上这个认同感与对文化的认知力是成正比的。”

孙捷阐释自己的理念时说道：“我提到真正对文化的认知需要满足三个符码（物质形式、语言逻辑、精神思想），当我们对文化的这三个方面的认知力都达到一定程度时，文化的认同感就会自然地生成。文化的认同感会伴随着对文化的自信，这种自信既是一种内心的归属感，又是区分善恶美丑的能力，这种文化认同感也会开阔一个人的视野和心胸。当这种文化认同感被设计创作者获得时，自然就会在他的设计实践和作品中映射和表现出来，于是他设计的作品就会成为一个具备某种文化的物质载体，设计作品本身转化成了文化传承的符码。反观世界顶级美术馆的收藏和艺术史的撰写，任何一个大师级的设计作品，绝对不会是因为其功能和实用主义至上的设计，而是创作者对文化有足够的认知，同时又对当时的社会产生影响的作品。这里会发现是上层建筑（文化与艺术）决定着高度，但是下层建筑（功能与技术）也是需要的。”

“纵观社会的发展与创新驱动力的变化，从 20 世纪中期以技术为引领，制造为驱动；20 世纪末以市场为导向，品牌为驱动；再到 21 世纪的今天，以社会与个人需求为引领。”孙捷进一步阐述，“我们不难发现，时尚与设计在当下的城市生活中变得越发重要，设计的影响力可以有效地改变个人观念与社会生活，创造的不仅仅是经济或人文价值，甚至（可以）更新推进社会的发展模式。无论是艺术的设计，还是工程的设计，我认为设计师的文化认知感都是其设计作品的灵魂。”

时尚与设计对经济增长和社会发展的驱动

从珠宝首饰到衣饰、装饰，从建筑轮廓到生活细节，从物质需求到精神慰藉……在当下的产业升级中，有不少从业者尝试将传统文化进行创新转化，形成富有个性时尚气息、具有民族文化特点的流行元素。孙捷认为，这种现象会给现代人的生活方式带来非常明显的影响。“岭南文化作为中国传统文化的一个重要分支，它一定可以为华南的产业发展带来灵感。”孙捷说。

孙捷表示，一方面，传统手工艺术都具有独立的形式和一定的文化符号，当它被赋能（作为创新手段）到生活中的方方面面时，特别在面对数字化与工业化时，必然会一定程度地增强人们的文化认同感，成为人们的精神慰藉。另一方面，当下中国的社会需求发生了一个巨大的改变，按照马斯洛的需求

层次结构理论，当社会的物质水平达到一个阶段时，人们对基本功能的需求就上升为对社会关系的需求。需求层级并不是一个绝对的金字塔形，当经济发展到了中段时，需求层级会由金字塔形变成菱形，这就意味着个人需求和基本需求都会变得很小，而社会需求则变得很大；再到物质经济发展的更高阶段，需求就完全就变成一个倒三角了。也就是说，顶层的个人需求会变成最大的需求。

孙捷同时指出，这里的个人需求并不是指当代人对物质等的个体欲望需求，而是作为社会人的个人需求，它包括了精神的信仰、尊重、审美、幸福、创造、内心感知与满足等，这个需求更多的在于对质量的需求而非数量，以及高度发达的人与人的关系、人与社会的关系。因此，社会的良性发展体现在人们的需求从对物质的需求进化到对精神的慰藉，这是人类社会发展的必然过程。

大哲学家、革命理论家马克思就曾说过：“人也按照美的规律来构造。”他说的“美”，其实就包含了文化和精神慰藉。比如现在设计领域的定制化盛行，包括家装定制、珠宝首饰定制、旅游定制、服装定制等。定制，就意味着客户更注重个人高质量需求的满足。当需求改变，非物质层面需求即社会需求和个人需求增加的时候，大家就自然会去精神层面上找存在感。“这个时候传统文化的稀缺性价值就出现了，因为传统文化中有着天然的排他属性，大部分传统文化都是相对完整的文化形态。它特有的独立性和多元性符合当代人的精神需求和个人需求，也带来了它的文化价值。传统文化和非物质文化都是文化的类别，应更多地将它们以符合现代人审美与生活方式的形式，作为设计创新的手段或者形式，进入到大众生活中去。”孙捷说。

创造力带来无限可能性，孙捷对于平衡设计师的个人设计风格和大众商业化的审美趋势也有自己的体悟。他认为，商业化设计与设计师的个人艺术作品的确是有差别，但是绝对没有“非黑即白”的差别，更不能用所谓“功能性”“实用性”来简单定义设计，特别是当代的设计。

“事实上设计本应该是开放、多元和包容的，且我们需要认识到 2020 年谈论的设计与2000年谈论的设计是不同的。我们今天生活的时代有太多的不同，设计作为学科与专业在百年历史发展中牵扯着多元的内容，每一次的跨越，也许开始于革命性的设计人才，或者是精湛的工艺与技术的发展、材料的改变，或者是某种观念与意识形态的呈现。”孙捷表示，“设计师可以有很多的角色和作为，我并不认为作为设计师就一定要完全向‘消费主义’妥协。当然，设计师是一个社会职业，对于大多数设计领域的从业者而言，他们更多的还是要思考生存和职业发展，那是一定要认识到社会需求和市场走向的。”

孙捷介绍，尽管在当下的全球动荡中，股市暴跌、地区经济放缓和全球政治不稳定等，对时尚奢侈品的诉求与消费的影响似乎是巨大的。但事实上，全球时尚奢侈品市场规模在2018年达到9200亿欧元，到2025年预计将超过1.3万亿欧元。2018年，体验奢侈品（餐饮、酒店、游轮、度假胜地、葡萄酒和烈酒、家具、照明、汽车、船只、智能手机和技术）的增速为5%，个人时尚奢侈品的市场价值超过了2600亿欧元，比前一年增长了6%；预计到2025年，这一增速将放缓，为3200亿～3650亿欧元。两个板块的经济增幅都高于全球经济增长率。与此同时，“千禧一代”与“Z一代”占据了大约32%的市场份额，他们正在推动整个时尚奢侈品行业的转型与革新。预计到2025年，他们的消费将占到50%。

“对生活的理解和自我的认知，导致这两个群体对时尚奢侈品牌和产品的期望与他们的前辈大不相同。‘千禧一代’正在寻找设计上的创新，以及反映他们个性和价值观的独特的产品。”孙捷进一步阐述其观点，“从地理上看，中国仍是主要力量，占总市场的33%，预计到2025年将上升至40%，占2018—2025年市场增长的75%。品牌与设计师的合作将成为新时尚奢侈品的关键。”

根据《2019全球个人奢侈品市场的价值份额报告》，从全球个人时尚奢侈品的消费类别来看，服装与纺织品占27%，香水与化妆品占22%，首饰与相关时尚物品（腕表、鞋、包）占51%。然而，在时尚的研究中，对首饰与相关物品的设计与实践的关注非常有限，因此也表现出了其巨大的研究潜力。孙捷说：“很显然，时尚的未来不可限量。”

大众对时尚的理解多半是潮流和跟风，还有服装、影音等这些狭义上的时尚表现形式，但时尚本身却是一个社会学的概念，涉及一个时期、一个地域的文化思潮等因素，这些因素影响着人们对事物的喜好。从广义上来说，它涉及我们生活的方方面面，无论是关心或者不关心时尚的人，都下意识地被周遭影响着。时尚更多是通过当下的生活方式体现出来的，即衣、食、住、行、旅。孙捷表示，秉承大时尚语境下的“设计 +”，创新整合文化、生活、艺术、商业、科技等要素，实现设计的当代性、人性化体验以及可持续发展的区域消费升级与产业升级，即实现时尚对社会发展的驱动作用。

2022 年，福布斯中国正式发布了 “2022 全球华人精英” 榜单，从包括美洲、欧洲、亚洲、大洋洲等多个地区的商业和文化领域，总计遴选出 100 位杰出的华人代表，孙捷名列其中。在当今社会，人才是第一资源。据悉，该

评选的初衷是希望“以人窥势”，通过入选者来回顾全球化历史轨迹和预见其未来，并看到中国在这个过程中的角色变化，也希望能更全面、更广泛地展示华人华侨在各领域中不可替代的重要作用。入选者既有有全球影响力的标杆人物，也有独角兽企业的创始人、独具眼光的知名投资人，还有学者和文化艺术领域的精英。

孙捷作为国家级的海外高层次引进人才（文化艺术领域首批），其个人的事业发展也涉及荷兰和丹麦这样具备很强创新力的国家。在与广州市黄埔区发生了交集后，孙捷工作室也涌现出不少代表成果，并对未来的发展规划有着清晰准确的思路。

2022 年，孙捷工作室在市、区两级领导的支持下，策划主办的“国际湾区可持续设计 DA-FUTURE 2022”（以下简称“DA-FUTURE 2022”）主题新闻发布会在广州市地标“小蛮腰”下的广州国际媒体港举行，吸引了 30 多家主流媒体的持续关注报道。

孙捷工作室不仅助力广州“设计之都”的建设，还积极融入粤港澳大湾区的发展，推动“可持续发展”和“设计驱动式创新”，将设计赋能国际一流湾区和世界城市群的建设。孙捷表示，“DA-FUTURE 2022”在广州正式拉开帷幕，能助力全面推动可持续发展和设计驱动式创新，将设计赋能国际一流湾区和世界城市群的建设，提升区域发展软实力，更好地发挥广州作为粤港澳大湾区核心城市的作用，促进国际和大湾区设计领域及相关产业的交流。

孙捷介绍，“DA-FUTURE 2022”基于可持续社会板块、可持续智慧板块、可持续无界板块、可持续时尚板块、可持续生活板块、可持续非遗板块6大板块赛道的方向，分别特邀了15位国家级专家、顶尖高等院校教授、全球资深学者、业界著名人士和领袖作为终审的学术评审。“DA-FUTURE 2022”落地广州黄埔，以粤港澳大湾区为基点，激发文化创意市场活力，进而提升整个粤港澳大湾区的创新设计产业的影响力。据悉，广州市黄埔区、广州开发区对活动的举办给予了全方位支持，为粤港澳大湾区高质量发展贡献了黄埔力量。

“以设计创新生态体系为支撑，用新思路、新角度、新理念、新设计、新方法赋能湾区城市群发展，构建新发展格局。”孙捷如是说。

魏微

用挑战突破自我，以文学滋养城市

●中国作家协会会员，广东省作家协会主席团成员，广东文学院院长。曾当选全国青联委员、广东省人大代表、广东省青联委员、广东省十大杰出青年等。

● 1994 年开始写作，1997 年在《小说界》上发表作品，迄今已在《花城》《人民文学》《收获》《作家》等刊物上发表小说、随笔 200 余万字。作品多次登上年度中国小说排行榜，曾获人民文学奖、“中国作家大红鹰杯”文学奖、鲁迅文学奖、中国小说学会奖、庄重文文学奖、冯牧文学奖、华语文学传媒大奖 · 年度小说家奖等。获“广东省中青年德艺双馨作家”称号。

●代表作品有《乡村、穷亲戚和爱情》《大老郑的女人》《化妆》《拐弯的夏天》《异乡》《姊妹》《沿河村纪事》《胡文青传》等。

文化兴则国运兴，文化强则民族强。作为“国家级文化和科技融合示范基地”之一，文化产业发展是黄埔区夯实文化建设的重要一环。近年来，黄埔区先后出台包括“文创 10 条”、“文旅 10 条 2.0”、电竞游戏“双 10 条”等一揽子覆盖企业落户、人才落户、平台搭建、品牌奖励的扶持奖励政策，加快文化产业园区建设，推动文化创意产业发展。

通过政策撬动，黄埔区吸引了一批国内知名的文化艺术人才来落户工作室。其中，魏微文学工作室由著名作家、广东文学院院长魏微领衔，是黄埔区为积极推动区内文化事业发展而进行的创新举措之一。魏微文学工作室旨在推动黄埔文学创作，培育黄埔文学新人，多渠道、多方位地推介黄埔文化。

与此同时，魏微作为原创文学的创造者，善于用文字体察人性，于细微之处透视生活、书写城市，在一部又一部的作品中为自己设置高峰，一次又一次为读者带来惊喜和触动。个体与时代涌流交汇是魏微作品的底色背景，那么魏微有着怎样的故事呢？

文学的微火一直在照着我们

“一个人被文字的魅力吸引后，就产生了用文字表达的欲望。”魏微走上写作道路，是文字魅力与个人性格融洽的结果。敏感多思的少女，因为阅读打开了世界的大门，同时也拿起了手中的笔。高中时期，魏微写诗歌、散文，而最先得到发表的却是小说。1994 年，魏微的处女作《小城故事》发表于她老家的一本刊物上，这让她感受到了一种暗示：也许自己更有写小说的天分。在这种暗示下，小说就成为魏微主要的创作文体。

1995 年，魏微听说北京师范大学有个进行短期文学培训的作家班，便报了名。在北京待了半年之久，后来又在南京大学的作家班待了 2 年，毕业后

她在南京成为一名自由撰稿人。

“年轻的时候跑来跑去没什么目的性，主要是贪玩，对世界有太多好奇。”对于魏微而言，南京是她文学起步的地方。在那里，她意识到要好好写作，就要真的静下心来认认真真学。也只有这样，作品才能被发表、被关注。2000年，魏微出版了第一本小说集。

“作家这个身份一般来说不是作家本人自认的，发表几篇文章、加入作家协会，并不一定就是作家，但像张若虚那样写出《春江花月夜》被别人所认可的作品，那就是作家了。”谈及作家身份，魏微回忆，“当大量的作品在更高水平的专业文学刊物上发表，不断有出版社邀约出版作品，甚至还有很多评论家关注自己的作品的时候，才觉得达成了一个作家所需要的条件，那就是用自己的语言创造一个独一的世界，有自己的符号与印记。”

1970—1990年，是魏微生命中最重要的20年，有点“浓缩人生精华”的意思，《在明孝陵乘凉》《化妆》《大老郑的女人》等作品可能就是魏微对那段生活说的话。“回忆”是魏微作品中重要的组成部分，魏微是“恋旧”的，一旦以家乡为题材，魏微就总能找到语言，《乡村、穷亲戚和爱情》《姊妹》都有这个意思。

年轻的时候，魏微对小说的理解还很混沌，但在她看来，这恰恰是写作的

最佳状态。好的作品都是在无意间得来的，能够写出好的作品不难，难的是在后期形成自己的风格，并且打破这种风格，重新激起对写作的热情。“写作到后来必定会清晰，每个作家都躲不过，这是写作的命数，有的人过了这个坎，有的人过不去，在这个坎上很难受，一点办法都没有，只有静等和读书。”尽管写着写着就会掏空自己，但魏微认为好作家的一生都在不断为自己设置障碍，再越过障碍往上爬，她相信自己的创造力、想象力和语言更新的能力，能够让她在语言与精神表达之间自由穿行，把她带入一个新的能量场。

磨着、写着，2010 年，魏微写出了《沿河村纪事》这样一部包含着历史寓言性的作品。这部作品以女性为叙事人，映射出诸如理想主义、权谋与妥协、权力的异化等重大议题，展现出复杂的现实性。这部作品具备很强的辨识度，因此获得了评论界的肯定和褒奖，成功入选了“2010 年度中国小说榜”。敢于推翻自己，一次又一次地跨越，《沿河村纪事》显示了魏微别求新声的追求，也使她与真正的写作更加接近。

魏微对文学抱有十分的热情、希望和信心，她认为文学的微火一直在照着人们，这点微火总会在一些时刻让阅读文字的人们感受到触动，或许亦给予很多人在当下的沉默中认真写作的力量。

从不降低要求，总能推翻自己

小说对于魏微而言，不是刻意的设计，而是生活和心理的投影。魏微的小说虽然打磨得厉害，但基本还是自然而然的情感流露。魏微的写作标准是，她会把小说写得跟生活一样，好像以一个孩子的眼光来看世界，但这个孩子又是比较敏感、通人情世故的。这个标准看似容易达到，其实很难，生活对于每个人都是不一样的，关键在于把握人心。魏微说："把人心吃透了，不管生活中发生什么都不会觉得奇怪。老实人也会撒谎，但不能一成不变地写老实人撒谎就会脸红。小说家必须具备一种素质：尊重笔下的人物并与他平等对话。"

以魏微 2002 年的一部作品《石头的暑假》为例，主人公是"我"小时候认识的一个邻家男孩，青涩的少年是好人家的子弟，身形秀弱、性格腼腆。"我"至今还记得他行走于街巷间的样子，肩上挎着黄书包，脚下踢着石子，又是挺拔又是疲沓的。但在他十七岁那年的暑假，他强奸了一个八岁的小女孩，被判了刑。这件事震惊了整个小城，大家都在叹息，"这男孩就算毁了"。几年后，男孩刑满释放，其实也才是青年。他重回街巷间，人们偶尔也能看到他，身形明显健硕了，肩膀也宽了，照样安安生生地走着路，那脚步是很稳当的。再后来，他便结了婚，生了儿子，骑着自行车穿梭于小巷，骑得很慢很慢，几同静止。这时，坐在前杠上的儿子就会咯咯地笑。

写《石头的暑假》那一年，魏微 32 岁，大抵还在青春期的尾巴上，对少年、成长、爱情等主题尚有一点表达的热情。那时，魏微相信爱情是神秘的、命运是冥冥中注定的，因此在小说里，魏微让强奸案的男女主人公在多年以后再次相遇，历史又从头来过。

这篇小说倘是今天写，魏微认为自己定不会写成《石头的暑假》，而可能会写成一个关于"毁坏"的故事，然后就"毁坏"说两句闲话。但这男孩毁在哪里呢？其实也没有毁。确切地说，在强奸案发生后的三四十年间，每个人都各有损毁：变老、变丑、离异、背叛、流落他乡。一夜暴富，尔后落穷，三四十年恍若一场梦，随着肉身沉重、身心俱疲，偶尔再想起少年时的荷尔蒙，是事儿，也不是事儿。照实写来，就当这男孩是走路时不小心打了个趔趄，但并没有把他绊倒，只是使他受了点小惊吓，尔后他调整步伐，又走他的路去了。

虚构这件事，本质上不是对现实的折射，更多的是作者主观心理的一个投影。生活、阅读，再将认知投射于感知，魏微对生活过的城市都有感激之情，认为每一个城市都承载了自己过去生命的一段时光，而作品，也都是自己的阶段性心理转变的记录。魏微并不会刻意在生活中经历一些事情，她认为生活的长河就像呼吸的空气一样，与人交谈、阅读一本未曾看过的书、看一部电影等都是生活。作家需要的生活与普通人所说的生活多少是不同的，作家的生活故事，是文学意义上的真实生活，就像真实生活在发现中一样。

谈及自己最满意的作品，魏微坦言："对于一个敢于挑战的作家来说，没有最满意的作品，最满意的都是下一部。"据了解，《大老郑的女人》是目前魏微相对比较满意的作品。这部小说以她的故乡为背景，写了自 20 世纪 80 年代以来中国内地小城的风习演变，刻画了人情世故、人心冷暖。故事的背景是改革开放刚刚开始的时代，一个外地人来小城做生意，和当地的女人发生了一段罗曼史，两人组成了一个临时家庭，恩爱而温馨，只是这女人是收费的，她拿了钱，便去补贴尚留在乡下的丈夫和儿子。

在这样的一部作品中，魏微希望通过对风俗与人心的微妙转变、社会风尚和道德秩序的把握做一个新的观望，为读者展示一幅幅活动、连续、渐变的风俗画面。魏微分享了当时的心路历程："在处理人物的时候，我试图把一些隐匿的东西揭示出来，把一些东西杂糅起来，让恒常的东西与正在变化的东西对话，由简单到复杂地叠加，以充实饱满，于其间有明确的东西。"

魏微非常在意语言的表达，认为语言是小说的第一道门槛。谈及此，魏微特别指出，及物的、叙述的、有个人思想意识的语言是小说的基石，而能够准确、干净、妥帖地处理事件，呈现事物复杂的一面，需要一种对语言转向的强大把控能力，唯有想象力与落到实处的语言才能带来新鲜、新奇的创

作体会。写作最害怕的是惯性思维，需要避免陈词滥调的使用。

魏微对小说的技艺、语言、叙述、描写很早就有意识，张爱玲、萧红曾对她产生了很大的影响。张爱玲对魏微的影响主要是技术上的，而在精神上，魏微自觉离萧红更近一些。

此外，魏微曾经因看到凡·高的书信集而深感震撼："凡·高和弟弟的通信共有洋洋洒洒 50 多万字，里面简单几句话，就把那个时代的街道、房屋、风俗人情全写了出来，而且写活了。"

技艺无止境，对画画和写作来说都一样，每个作家的写作也都有自己的路数。例如，王尔德会花整个上午的时间修改其中一首诗的校样，去掉一个逗号，等到下午，又把逗号放了回去。魏微对待自己的文字也十分严谨，经常打磨到自己满意为止。在她看来，最好的写作状态是有感而发。能力强大的作家不会等着所谓灵感到来，而是会坐下来，让自己写出一个字、一个句子，也许不太满意，但只要带着意念去写，一个词就会带领作家找到另一个词，找到一个段落，找到一个想要叙述的生活场景，甚至形成一气呵成的状态。

写作中，魏微对自己是狠心的。她从未停止过对写作的思考，认为推翻自己是最起码的要求，她总会不断为自己设置高峰，不断用作品为读者带来新的观感。

2022 年 12 月，《烟霞里》出版问世，这是魏微积蕴十多年创作的最新长篇小说，采用了极富挑战的编年体方式，回顾了一个女人繁茂又寂静的一生，折射出一个时代的风云。《烟霞里》将社会变迁与个人生活起伏交织，展现了半个世纪的潮起潮落，三代人都能从中找到属于自己的那一份波澜壮阔。

魏微曾表示，《烟霞里》之于她就像《呼兰河传》之于萧红，一生只为写这一本，以前的中短篇写作也都可以算为《烟霞里》做准备。这部作品几乎调动了魏微几十年写作的所有资源和对生活的观察以及对历史的勘探，她将虚构与真实进行对撞与融合，用尽耐心给读者呈现了丰富的生命体验。

历史的车轮滚滚向前，新的生命每一天都在诞生，时代也会打开更加丰富多彩、复杂多重的画卷。就像魏微本人的文学创作一样，只要写作的热情和决心在，一定会在未来步入更加广阔的世界。

生活在黄埔翻开了新的一页

2005 年，通过广东省的人才引进计划，魏微与广东省作家协会签约，自那时起成为新广州人。2018 年，黄埔区出台“文创 10 条”，对经国家认定的文化名家、知名大师，具有较大知名度和影响力的国外文化名人，以及“广东特支计划”文化人才设立的工作室或文化创意项目，经认定给予资助。在朋友的推荐下，魏微申请了文化人才工作室项目，并于 2019 年 9 月正式落户黄埔，从此，她的生活翻开了新的一页。

“没来广州之前就知道黄埔，比如南海神庙、黄埔军校等名胜古迹，对那里的文人历史产生了好奇心，想不到多年后，我能与黄埔产生链接。工作室落户黄埔后，我对黄埔的感受和了解也更加深入了。”这里既有传统文化的底蕴，又有日新月异的高科技，黄埔给魏微的印象是欣欣向荣的。

人们塑造城市，城市亦塑造人们的生活，在这种相互的塑造中起到纽带作用的，是文化。如果说变化是城市发展的自我更新，那么在魏微看来，变化也是作家的自我觉察。文学作家需要与城市同发展、共成长，通过作品为城市发展注入新活力、新希望。

身处改革开放的桥头堡，广州发展的朝气感染着魏微，广州的文学环境、黄埔的文化政策等，也给了魏微莫大的鼓舞和支持。强化文化遗产保护、出台文化新政等举措让魏微感受到了黄埔的远见，她说："科技发展到一定的程度，没有深厚的文化和前沿的思想，往往很难持续一往无前。黄埔在文化方面的新政，让人文精神之光更加闪耀。"

在魏微看来，广州的文学环境就像南方的阳光一样温暖、明亮。黄埔区图书馆推进工作的力度、黄埔区作家协会对作家和诗人的扶持等，都让人感觉可喜，黄埔区政府文化部门和单位不仅会参与具体的工作，了解作家朴素的情怀，更会力所能及地帮助作家群体成长。

魏微非常认可广州健康的文学生态，作家、诗人既相互独立，也相互支持，合在一起像一团火，分开又像满天星一样闪亮。广州的作家、诗人之间也许写作观点不同，也存在文学层面的争论。但生活中都是相互往来的，没有"有我没你，有你没我"的江湖气。作家、诗人之间的聚会也十分融洽，大家谈论文学、谈论理想，总是能够在交流中传递人文情怀，收获新的启发。

2017 年 7 月 8 日，《香雪》文学杂志内刊创刊号正式首发。该杂志由广州市黄埔区文联主管，黄埔区作家协会主办，是黄埔区首份内部交流文学刊物。依托区内十里香雪、科城锦绣、南海神庙、黄埔军校等诸多丰富的文学创作资源，《香雪》致力于打造黄埔文化品牌，培养优秀的本土文学人才，是广大文学爱好者阅读与交流的精神园地。

作为《香雪》杂志的文学顾问，魏微积极助推弘扬"亲爱精诚"之黄埔精神，传承优秀文学艺术，繁荣新黄埔文艺事业。她认为，优秀的文学书写，完全可以赋予城市景观生动的"体感"。作家笔下城市文化的叙事表达，应该在城市现代文化不断创新的背景下，从如何延续文脉和保护城市特色等角

度展开想象。

在魏微看来，一个真正沉思的作家应该直接面对自己的时代，关注社会和现实提出的种种难题。对于文学而言，关注即意味着某种程度的解决。城市文学书写，就是历史赋予一代作家的时代任务。

魏微强调，作家的特质在于洞察力、思想力和表现力的融合。敏锐的眼光帮助作家捕捉时代的要害，写出时代的精神痕迹，反映人类的命运，提供更多的思考空间和精神向度。这支撑着魏微不断在写作中打磨，在生活中穿透。

为此，魏微希望从事文字相关的工作或者有志于从事文字工作的朋友，去寻找吻合自己气质的世界名著进行阅读，以其养分滋养精神成长，同时不断在生活中得到新的感悟，把阅读、生活与写作一起构成共存且交织的关系。

黄埔新气象，造就文化大发展

文化兴则国运兴，文化强则民族强。近年来，黄埔深入实施广东省文化强省“六大工程”、广州市文化强市“八大行动”，立足黄埔文化底蕴、时代特征和历史使命，全力打造富有岭南特色、人文魅力，具有开拓精神、创新活力的社会主义文化强国创新示范区，以城市文化软实力带动产业发展硬实力。

作为“国家级文化和科技融合示范基地”之一，黄埔区先后出台包括“文创10条”、“文旅10条2.0”、电竞游戏“双10条”等一揽子扶持奖励政策，加快文化产业园区建设，推动文化创意产业发展。

2022年，黄埔区继续在文化产业发展上加大力度，推进长洲岛珠江国际慢岛、隆平院士港等重点项目建设，丰富区域文化商业综合业态，以特色项目打造文旅产业亮点。

依托黄埔区优渥的文化发展环境，近年来魏微文学工作室通过文学讲座、青年作家培训、诗会、民谣会、到古老村庄采风等活动凝聚文学力量，在基层做了很多文学审美普及工作，让作家走进生活，让文学贴近群众。

2021年10月，魏微文学工作室与黄埔区作家协会联合举办的“文学名家进校园”活动先后走进黄埔区的4所学校，为师生们送上了精彩的文学大餐。通过系列文学讲座，在孩子们的心里播下了一颗文学的种子，期待有一天能发芽、开花、结果。据介绍，此类文学活动每年都会不定期在黄埔区内学校中开展，并推出名家作品分享会、文学社辅导交流、作品推介发表等活动。

同年12月，“平行花园：黄埔莲塘文学摄影展”在香雪公园展出。该活动同样由魏微文学工作室主办与策划，旨在以文学的眼光发现黄埔之美，推广别致的文学读法。此次展览展出了多位摄影师在黄埔区莲塘村的摄影作品。这些摄影作品都

带着诗性的氛围，呈现出一个人文的黄埔古村、一个非虚构的文学村落。

此外，魏微文学工作室还曾在香雪公园主办“2021 黄埔诗歌民谣文学专场”，10 多位广州本土诗人、作家以“青春”为主题创作了多首主题诗作，并由音乐人、艺术家来演绎，拉近了文学与生活之间的审美距离。“文学的表达不一定在书本上，而在多元的艺术形式上，文学也可以是一种日常。”魏微说。

活水源流随处满。通过丰富的活动形式，越来越多的人投入文学的世界，渴望文学的滋养，更多黄埔文学新老力量渴望改变和进步。这样的场景让魏微十分欣喜，“良好的文学艺术氛围是大家一起培育出来的，我个人也因此对岭南文化、黄埔文化，对当下的广州产生了更多的认识”。

“作为作家，关键是写出自己期许中的作品。”来广州多年，魏微慢慢融入这座城市，也渐渐熟悉这座城市的味道、肌理、语言、气候、习俗、饮食等气质。未来，魏微计划在写作中更多地涉及黄埔，并期待能写出反映黄埔新气象的作品，通过捕捉城市内在的脉搏跳动，真正进入城市的场域来书写城市。在魏微看来，城市借由风物和人物来表达自己，作家也应该借助风物和人物来看透城市。一路走来，一路更新，我们也有理由期待魏微的不断呈现。

龚迈程

剧场艺术的精灵使者，用情书写的舞台春秋

●国内知名亲子舞台剧编剧、导演、制作人，瑜源文化品牌的创始人，广州瑜源文化传播有限公司总经理。广东省儿童戏剧协会副会长，广东省演出行业协会理事、儿童剧专业委员会主任。

"创作的过程，也是非常享受的过程。"龚迈程反复强调，创作舞台剧时，他并没有把自己当作一个纯粹的创作者，而是当作一位父亲，用舞台艺术形象给自己的孩子讲述一个又一个睡前故事。从哲理儿童人偶剧《寻梦西游》到优秀传统文化剧《菠萝蜜奇遇记》，再到弘扬主旋律剧《谁动了我的时光》，龚迈程用自己的匠心创作努力实现舞台演艺事业的社会价值与自己的艺术理想。

作为一家民营演艺公司的创始人之一兼总经理，龚迈程将自己的舞台艺术创作和演艺事业迁移到黄埔区后，迎来了文化价值与市场效益的双丰收。2021 年，由他创作的普及儿童生理心理知识的亲子舞台剧《谁动了我的时光》开启了全国巡演。这部剧在疫情防控的背景之下，用舞台的艺术场景将关心、关爱未成年人精神需求的理念传递到每一位父母的心中，引起了良好的社会反响。

每一个故事都是价值观的体现

龚迈程讲述自己的创作经历时，通常不把自己定义为创作者，而是站在父亲的角度，觉得是在给自己的孩子讲述故事。"在舞台剧的创作实践中，我可以把想法搬上舞台变为现实，通过故事表达美丑善恶，"龚迈程说，"为孩子创造善良的梦想，为家庭奠定幸福的基础，为社会创造精神的财富。"带着这份初心，龚迈程愉快地创作每一个故事，他团队的演职人员认真地进行后期编排，用舞台剧的形式展现艺术的魅力。

取材于中国古典名著《西游记》的故事背景，大型哲理儿童人偶剧《寻梦西游》利用大众熟悉的剧情和人物，给当代的孩子们讲述经典神话故事。唐僧师徒四人取经之后，因无所事事而导致精神信仰空虚，进而性情大变，唐僧不再聪慧，孙悟空不再勇敢，猪八戒说话结巴，沙悟净热爱推销。为了找回各自失去的价值，师徒四人在观音菩萨的指点下，再次到凡间开始了寻梦之旅。

谈及这部亲子剧的定位，龚迈程表示，对照原著的内容精神，舞台剧在对白上以诙谐幽默的特色，赋予了故事强烈的新鲜感。“无论是在剧本创作阶段，还是在舞台剧的编排环节，我们都致力用简单的语言呈现不同的人格、不同的世界。”龚迈程说。

借鉴国外童话故事的背景与人物，亲子剧《魔发小公主》结合当代家庭的价值理念与精神需求，将家庭教育、亲情、责任、爱、幸福等主题思想熔于一炉，天真顽皮的魔发小公主、善良的白雪公主夫妇、幽默搞笑的小矮人、内心恶毒的女巫等艺术形象一一在舞台上呈现。龚迈程在谈及自己的戏剧观时表示：“每一个创作者在其作品中都会表达自己的价值观，优秀的演员通过自己的表演去形象地呈现这种价值理念，从而感染每一位观众。”特别是自己有了孩子之后，龚迈程更是感觉到自己从事的亲子舞台剧行业必须肩负起使命，向观众传递正确的价值观。他说：“这是责任带来的力量！”

以安徒生童话《丑小鸭》为故事原型进行二次创作的亲子舞台剧《我不是丑小鸭》，2022 年由瑜源童话剧团首演，大获成功。该剧共分为 5 幕，由池塘鸭群幕、纸偶光影幕、快乐农场幕、印象城市幕、天鹅湖幕组成。在丑小鸭从出生到成为天鹅的过程中，创作者及演职人员用不断叠加的情绪与灯光渲染，将布景、道具、光影元素与角色进行交相融合，刻画不同角色的鲜明个性、人格观念。龚迈程介绍，这次演出采用了全新立体互动形式，整部剧台上台下融为一体，现场所有观众都需要扮演不同的角色。

该剧融入了纸偶、光影、人偶、戏剧、舞蹈、语言艺术，在演员的演绎与创意舞美的助力下，剧情循序渐进、紧凑清晰、引人深思，让孩子们在戏剧童话中起航梦想。龚迈程描述剧目演出场景时说：“需要通过旁白、动作、声音来推动台上整个故事的进展，用不断的鼓励让那只出生在鸭群中的小天鹅渡过一个又一个的难关，一步一步找到自信，飞向蓝天。同时，在演出过程中还加入了主持人，在故事进展的过程中，引导现场的孩子们做出对主角表演的互动回应。”

原创作品是儿童内容市场的根基

作为一家民营演艺企业，广州瑜源文化传播有限公司每推出一部新作，都会收到来自市场的良好反馈，而一次又一次的全国巡演更是给龚迈程带来一个很大的感触，那就是要做好原创作品。

从 2011 年开始，龚迈程踏上了创作原创作品的旅程。创作原创作品最大的挑战就是在市场之中没有一个基本的认知，这给创作者带来极大的难度。龚迈程的创作需要构建故事的背景和价值观，他自始至终坚信“内容为王”的创作理念，认为原创作品是儿童内容市场的根基。

对于龚迈程来说，原创、改编作品需要用看似简单的逻辑来表达美丑善恶，这是一个从无到有的构建过程。观众对人物故事的接受认同、对人物形象的喜爱是其创作的最大动力。

龚迈程开始创作原创作品的初心，就是为孩子创造善良的梦想。他通过有深度的故事逻辑，从宣扬“美丑善恶”的角度出发，创作值得思考的内容。秉承创作初衷，带着有深度的故事内容、多层次的表演场景，2017 年，大型亲子教育动漫舞台剧《魔力课堂・奇幻之旅》与观众见面。

该剧讲述了聪明的精灵因一次失误导致美丽的糖乐丝王国受到诅咒变成黑暗城堡，大家为了弥补过错，在难题婆婆魔方的帮助下，进行了一系列啼笑皆非的真爱行动。最后，精灵在真爱的帮助下，用魔方帮助糖乐丝王国解除诅咒。“一个有深度的故事能为家庭奠定幸福的基础，教给孩子们正确的善恶是非观念。”龚迈程说。

龚迈程很早就有了作品版权保护的意识。广州瑜源文化传播有限公司入驻黄埔区后，得到了政府对原创剧目的扶持。在剧目的编创阶段，相关的知识产权会全部注册，如黄埔区有著作权奖励，首先就会进行剧本和人物形象的著作权登记，剧目名称也会注册商标权。

在《寻梦西游》《魔发小公主》等舞台剧的创作背后，龚迈程享受创作

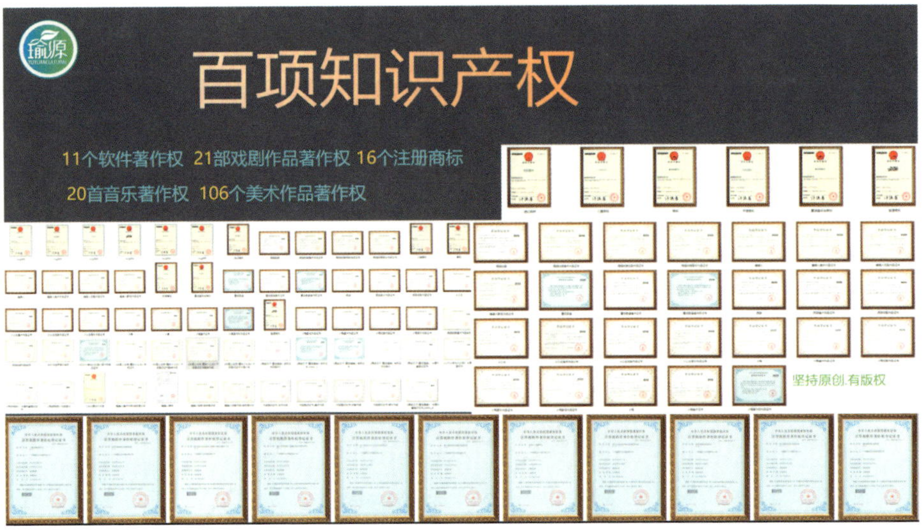

带给自己的乐趣。他将不同的人格与自己的经历提炼成深刻的思想内涵，通过生动的故事呈现出来。艺术创作既给龚迈程带来了表达想象的体验，也让他看到了责任带来的力量，更使他树立了其创作为社会创造精神财富的价值导向。龚迈程说："希望自己的原创作品成为能够流传的作品，呈现一个时代的价值观。"

龚迈程也坦言，原创舞台剧创作背后的责任，是激发孩子成长，创造亲子的共同话题，创造值得回忆的过去。除了创作舞台剧剧本，龚迈程也会陪伴自己的孩子观看亲子剧、儿童剧，这不仅仅是观摩学习，在陪伴孩子看的过程中，他也会找到自己曾经的影子。

文学作品与舞台艺术是一体两面

在创作中不断成长，在演艺中不断历练，龚迈程对于文学作品与舞台艺术之间的关系的认识越来越深刻，而黄埔区的文艺土壤也滋养了广州瑜源文化传播有限公司的内容生产。《青蛙王子——童话奇缘》等童话剧不仅是创作者、演绎者童真灵魂的艺术表达，也是黄埔区积极扶持原创艺术作品、将艺术想象变为舞台现实的见证。

梳理中外舞台剧时，龚迈程发现童话题材一直深受少年儿童和成年观众的喜爱，这也让他深度思考文学题材与舞台艺术之间的关系。“文学作品与舞台剧之间有着鲜明的动静之分！”龚迈程从两者表达方式的不同进行了详细研究，总结出：文学作品是抽象的想象，用文字触发不同个体的想象，进而去深入思考；舞台剧则是具象化、形象化的艺术，用尖锐的戏剧矛盾冲突展开故事，用夸张的表达塑造人物形象，用艺术形象展现主题思想，给不同个体的心灵带来观剧的审美体验。

各种艺术样式均有相通之目的，就是直抵人们的灵魂深处。龚迈程在创作实践中融汇各家所长，用一部部作品与观众共赴心灵之约，《童话欢乐嘉年华》《拇指姑娘——精灵仙子之舞》等作品先后与观众见面。这些作品在创作阶段借鉴了童话文本的精髓，充分利用舞美设计、剧场环境来讲述童话故事。龚迈程认为，从童话文本到童话剧既要关注“变”，也要重视“不变”，两者都是以文化母体为范畴、价值观为导向、故事为抓手、情感为内核，为孩子们的成长带来感触、共鸣、力量。这是文学作品与舞台艺术的一体两面，一个是阅读想象思维，另一个是舞台形象艺术。

舞台呈现涉及多个工种，已经是流水线作业，有一套完善的工作流程，最终以剧场为呈现场景，通过故事传递价值观。龚迈程说：“剧本创作时已经构架起舞台呈现，但在舞台管理方面还需要排演统筹。读剧本可以去思考，看演出则重在感染人。”

通过舞台艺术传承文化使命

“让戏剧形式成为孩子学习成长的工具，让故事内容成为孩子情商启蒙的基础，让人物思想成为家庭情感交流的纽带。”龚迈程从自己的戏剧观出发，通过正向的文化价值观念践行传播文化的神圣使命。

特别是在广州瑜源文化传播有限公司搬到黄埔区后，黄埔区文化广电旅游局大力扶持舞台剧的艺术实践，通过政府采购的形式惠及山区儿童、特殊

家庭儿童，让广州瑜源文化传播有限公司深度参与社会公共文化服务体系。从一个舞台剧经理人，成长为舞台剧文化的传承使者，龚迈程愈发认识到自己所肩负的社会责任。黄埔区的土壤也让他的创作更加注重内容质量，《梦想飞行队》《神奇妈妈》等新剧作相继上演。

“艺术肩负传承使命，原创作品则要创造这种传承力量。”龚迈程介绍，亲子舞台剧的观剧人群属于特定范畴，舞台剧需要践行艺术责任，将故事内容的价值观优化成一种成长的力量，然后传达给受众群体。

践行艺术传承使命，励志剧《我不是丑小鸭》的上演回应了这种社会价值。该剧以丑小鸭为主角，在故事的讲述过程中告诉孩子们要激发自己的力量，脚踏实地向自己的目标奋进。这种通过舞台剧进行儿童早期教育启蒙的尝试，是在尊重艺术创作与市场运营的双向互动基础之上，实现社会效益与经济效益双丰收的探索。“舞台剧的创作要尊重观众，才会得到受众的认可。

舞台剧的演艺要尊重市场，市场才会创造收益反哺行业。”龚迈程说，“作为一名创作者，还作为一名父亲，我需要吸纳艺术的营养，并将之通过讲述故事化为孩子们成长所需要的力量。”

“好的故事能伴随孩子们的成长，并激发他们成长的力量。”龚迈程这样讲述自己的创作观，并在创作中加大对内容质量的关注度。他表示，能够创作出流传下去的作品，就是为社会创造精神财富。除了《我不是丑小鸭》，龚迈程有意识地开始深耕儿童剧的内容，创作有深度的故事，《谁动了我的时光》也如约和广大观众见面。

《谁动了我的时光》是一部有关儿童身心健康教育的原创舞台剧，该剧的上演也是在开展新冠疫情防控之后。剧中讲述了一位处于叛逆期的小女孩，误闯入时空通道，回到30年前的奇幻故事。这部剧作直面当下生活中孩子们所面临的心灵与精神成长问题，聚焦“儿童心理及生理健康教育、未成年人权益保护”主题，借用戏剧艺术进一步扩大未成年人保护宣传教育的覆盖面。“作品最核心的责任是完成助人育人使命，亲子剧的创作本质，是服务孩子与父母。”龚迈程说，“戏剧作品要让父母与孩子看到自己所身处的社会现实生活，并且有所感、有所悟、有所乐、有所获。舞台艺术是一种传递知识的工具，向孩子们传达生活中所需要掌握的知识技能。”

艺术创作在传承与求变之间发展

疫情给舞台剧市场带来冲击，但在黄埔区文化广电旅游局的支持下，龚迈程传承文化的初心未曾动摇。“传承文化使命，传播文化价值。”龚迈程将这一句话深深地烙印在自己的艺术创作之中，用浅明晓畅的故事阐述深厚的思想内涵。“把戏剧作为一种传播载体，将社会主义核心价值观融入作品当中，为孩子们树立正确的价值观，让他们在故事中汲取成长的养分。”龚迈程说，“古今中外的一切经典作品，都呈现出鲜明的民族文化特色。未来的创作也必须是在梳理传统文化的基础之上，将其融入身边发生的故事之中，给孩子们树立起文化自信。”

从《寻梦西游》《睡美人Ⅱ·降龙勇士》《神奇妈妈》《梦想飞行队》到《谁动了我的时光》《我不是丑小鸭》，再到《你这个骗子》……广州瑜源文化传播有限公司在龚迈程的带领下总共创作了 20 部作品，演出 8400 多场次，吸引了超过 700 万人次的观众前来观剧，这些剧作为家庭创造了幸福，为孩子们带去了力量。

龚迈程带着传承文化的责任，不断梳理总结自己的创作生涯。“自我需求、创业需求、生活需求、信仰需求这四种需求，分别对应我创作的四个节点。”龚迈程说，“自我需求源于为自己孩子创作的动力，希望把脑海中的想象变为舞台现实；创业需求源自自己事业的发展，想获得市场的认可和受众的认同，当一切获得尊重时，创业需求自然满足；生活需求来自社会责任，希望成为孩子们的榜样；信仰需求则是希望自己的作品能够流传更长时间，给更多的孩子带去成长的力量。”

在文化传承的同时，龚迈程也在追求艺术的创新，《菠萝蜜奇遇记》《梦想飞行队》两部多媒体剧就是其求变之作。为推动优秀传统文化的传承发展，黄埔区文化馆与广州瑜源文化传播有限公司共同创编了蕴含海丝文化内涵与传统文化基因的亲子舞台剧《菠萝蜜奇遇记》，以艺术的形式讲述黄埔故事。该剧将古代丝绸之路先驱航海贸易的故事，融合现代的人文理念、家庭情感与孩子们的兴趣点，相互交织成具有浓厚文化、情感乐趣、戏剧冲突、教育意义的新时代作品。《菠萝蜜奇遇记》从现实与历史、温情与冒险、娱乐与教育三大核心出发，讲述了南海神庙管理员罗波、陶丽及女儿罗密因偶然事件穿越回宋朝，变成了“菠萝蜜人”开启海丝之路冒险旅程的故事。在剧中以“菠萝蜜人”的视角讲述海丝文化和中国传统家庭伦理观念，演绎幸福和爱的真谛。《梦想飞行队》围绕“梦想”主题，以轻松幽默、励志感人的形式，用各种动物追求梦想的经历，映射出不同的价值观念与精神追求，阐述了拥有梦想、追求梦想、实现梦想的意义。

这两部剧作是媒介技术与舞台艺术融合的呈现，给观众带来了虚拟现实的舞台观剧体验。“2017 年，瑜源文化开始了多媒体剧的演出，多媒体传播技术增强了视觉冲击力，让舞台表现空间更加广阔。”龚迈程讲述自己创作、组织演出多媒体剧的尝试。剧场舞台限制了舞美的表达，融入多媒体技术，结合虚拟现实特效，能够将真人与画面融为一体，延伸了创作的想象力，增加了受众的观感度。他说：“多媒体剧给演出带来了便利，不需要拉很多舞台道具。将多媒体技术点缀于舞台之上，形成虚拟场景与现实场景的融合，是未来的趋势。”

“艺术突破技术的限制，有了更多的表达。”龚迈程清晰地认识到，技术与艺术是相辅相成的。龚迈程在多媒体剧的创作过程中收获了不少心得体会。他说：“数字文旅的高速发展，让技术与艺术有了更多的结合。以亲子剧的演出实践为例，明显能看到多媒体技术带动舞台艺术的升级迭代。”

在传承与求变之间，亲子舞台剧艺术创作的内核是什么？“陪伴孩子们成长，创造引人向善的力量！”龚迈程如是说。

深度融入公共文化服务体系建设

黄埔区文化广电旅游局对于区内文化企业的扶持政策，让广州瑜源文化传播有限公司的业务板块不断拓展，除了原有的舞台剧演艺板块，广州瑜源文化传播有限公司还参与到阅读网点建设的工作中来。2019 年 9 月 3 日，黄埔区图书馆瑜源分馆正式落成启用。这是广州首个儿童公共文化服务综合体实验场馆，通过政企合作、企业自主运营和管理的方式，为黄埔区乃至广州市儿童和家长提供阅读、教育、戏剧体验等多元合一的服务。

这座以儿童剧为主题的图书馆，不仅在场馆设计上尽显儿童剧特色，还配有沉浸式戏剧舞台，可以容纳 100 名观众。馆内藏书 12000 册，设置有党政书柜、国学书柜、少儿绘本书柜等特色专柜。“参与公共文化服务体系的建设，让民营企业有了更大的格局和视野，更进一步加深了自己对文化传承使命和社会服务责任的认识。”龚迈程介绍，瑜源分馆在黄埔区文化广电旅游局、黄埔区图书馆的支持下，不断完善全民阅读推广活动的策划方案，实现亲子舞台剧与少儿绘本内容的融合发展，并将这些内容资源整合成群众喜闻乐见的活动形式，不断向基层一线普及推广。

“如何凸显黄埔文化特色，提供优质的公共文化服务？”龚迈程一直在思考这个问题。“推进公共文化服务建设，应该注意到服务对象和市场主体两个方面。”龚迈程认为，关于服务对象，需要做好社群类型细分，以舞台剧服务为例，展演方一定要充分调研，选定目标观众群体，在此基础上，通过新媒体的传播渠道，与观众建立互动关系，营造良好的观剧氛围；关于市场主体，需要做好原创内容的建设，通过好的作品感染观众，并让观众认同其所传递的社会价值观。

“无论是创作者、演职人员，还是演艺经营机构，都需要坚持正确导向、履行社会责任。”龚迈程回首自己的创作经历和演艺事业时坦言，任何演出策划方、经营者都无法回避的议题是宣扬本土文化和民族自信，在政府和群众之间搭建起文化的桥梁。广州瑜源文化传播有限公司和黄埔区图书馆瑜源分馆已经组织多轮进校园的活动，通过与学校的深度合作，为学生提供定制的文化服务。龚迈程说："寓教于乐的故事分享，与知识传播并举，是未来需要大力倡导的。"

龚迈程的创作还在继续，他也更加重视剧作的思想性与艺术性的完美合一。"不仅是公共文化服务建设，艺术创作也要为区域发展贡献一份文化的力量！"龚迈程不假思索地表达出自己的愿景。

王国省

为打工者立传，在开发区逐梦

●中国民主同盟盟员，中国作家协会会员，中国散文学会会员，广东省作家协会会员，广东省朗诵协会常务副会长兼秘书长、文学创作委员会主任，广州市作家协会理事，广州市青年作家协会副主席，广州市黄埔区作家协会主席，广州市黄埔教育基金会理事长。

●著有个人文集《野性的沉默》《灿烂的忧伤》《优雅的沦落》《一地清凉》《一路向南》《故国乡愁》。

"文学是时代歌者寂寞的事业，也是一种生命的讴歌。"2017 年 7 月 8 日，作为萝岗区和黄埔区两区合并后新黄埔区作家协会首届主席的王国省，在黄埔区作家协会主办的内部文学刊物《香雪》创刊号卷首语中写下了厚重的一句话。

在面目新锐、节奏极快的黄埔，缘何会生长出以纯文学为底色的新苗？那些似乎是"风花雪月"的文字，如何与这片大步前行的热土适配？

王国省却很有信心，他写道："'香雪'这个名字，是黄埔流金岁月歌者梦的延续，是一份不可或缺的家国情怀的精神点缀，它像香雪公园冬日里暗香浮动的白梅红梅，又如长洲岛上倔强绽放的野花野草，在历史的天空下默默开放，欣然为日新月异的黄埔摇旗呐喊。"

与时俱进，御风而行，留下可以世世代代传颂的文学精品，是王国省的梦，也是许多与他有着同样追求的文学爱好者的梦。

于是，我们看王国省的文字，就如同在看一段段值得咂摸的生活，在看一个个今天的动人瞬间。王国省的这种写作风格，源于他的人生履历，也源于他对自己身处的时代、身处的地方，以及身边的人，独特而深沉的感情。

怀揣文学梦的"打工仔"

2021 年 4 月，"黄埔易聘"人力供应链服务平台上线的消息被很多务工人员注意到。这是王国省最新推出的产品之一，对于在珠三角地区专业从事人力资源事业近 20 年、拥有多家人力资源服务公司的他来说，在黄埔这个高新技术"扎堆"之地，借助科技的力量升级自己的产业结构，再自然不过。

从 2003 年为了改变人生第一次走进珠三角，到今天为成千上万的务工人员和用工企业交换信息，王国省的身份始终与"打工仔"分不开。

最初来到广州的时候，王国省已近而立之年。此前，这位出生于河北魏县的年轻人在北京干过一段时间的编外记者，还当过语文老师，但收入始终微薄，支撑本就不富裕的家庭已是艰难，更遑论支撑自己的文学梦。

王国省是一直有着文学梦的。在这条道路上，他也算是少而有成：12 岁时，就在《少年文艺》上发表过童话《蚂蚁和瓢虫》；中学时代，还获得过全国诗歌大奖赛一等奖；大学时，树立了“以生命写文学”的梦想。

他少年时的生活简单而幸福。父亲是村里出名的“农把式”、劳动能手。清晨，他蹲在地头，看头包蓝道头巾的父亲，一手扶犁，一手执鞭，随着黄牛来来回回，让灰褐色的泥土翻起千层浪。他们的村子，在冀鲁豫交界处，田地边是一条弯曲的公路，一头通往河南，一头通往山东，也载着少年王国省许多未知的梦。那个在田间利索做活的父亲的身影，也成了刻在王国省心中最深的印记，让他在后来的读书和工作中，都不甘于人后。他后来在《父亲节，写给父亲》诗中这样写道：“春天我在没有污染的乡村起床 / 只要用心 / 你清越而勤快的吆喝 / 总能适时穿越田野 / 一匹嶙峋的老马正耕耘喷薄的黎明。”

造化弄人，王国省的父亲在天命之年因一次意外撒手人寰。初中时，许多同龄人还在无忧无虑地快乐过活，他已经不得不去思考怎样帮助家人挑起生活的重担。

世纪之交的中国，经济大潮涌动，各行各业都孕育着勃勃生机，在先行一步的广州，更是如此。被裹挟在浩荡的南下人群中，王国省想得通透：先解决生计问题，再追求文学梦想。

初到广州，王国省寄宿在广州开发区普晖村的一个朋友家里。怀揣在北京辛苦攒下的几万元钱，敢想敢干的王国省准备在夏港大道开家一百多平方米的餐馆，并做了一些前期工作。他的想法似乎很合理：广州开发区西区一带工厂林立，生活简单而节奏快的众多打工者，每天都要一日三餐，这门生意稳赚不赔。

可是餐馆的卫生许可证还没批下来，旁边就建起了一座垃圾站。不久，非典又突如其来。接二连三的麻烦打乱了一切，前期的投入血本无归。这对

王国省来说，是个前所未有的打击。

但王国省的麻烦似乎还没有结束：他的大学毕业证和钱包被偷了！摸遍全身，他只找到了 10 块钱。“当时真是非常绝望。”

喝白水，吃最便宜的面包……就是靠着这 10 块钱，王国省撑了一个星期。直到实在撑不下去了，他才向家里求援。家人给他寄了 400 块钱。

这是王国省人生中最低谷的一段时间。他后来回忆道：“打拼之初，家徒四壁，格外清贫，即使夜不闭户，梁上君子也不会光顾。”

王国省拿着高中毕业证，来往于广州开发区青年路上的一家家职业介绍所之间。这是他最后的希望所在。他想，如果能进入一家工厂，当一名普通工人，收获一份靠谱的工资，也不错。实际上，此时他还揣着另一个不为人知的计划：利用一年的时间，观察生活，积累素材，写出一线工人的酸甜苦

辣，真实记录他们在流水线上的青春生活，写出一部不愧于时代的反映打工一族生活的伟大作品。

或许是踏实的形象和出众的口才加分，一家职业介绍所的老板对他很赏识，劝他说："你去做工人太可惜。你的文笔那么好，口才也不错，来我们这里做业务员吧。"

人才中介，这是王国省之前从没设想过的职业。但他和那时无数的打工者一样，只要有合适的机会，并不过分挑工作，不自我设限。后来的事情也证明，这一次的选择，成为他人生的拐点。

"揾工"找阿国，打开新的一片天

王国省喜欢说一句话："昨天是神话和传说，明天是文学和艺术，唯有今天是金子。”当时，人才中介一行竞争激烈且口碑不好。由于人才市场尚不规范，加上信息不透明，务工人员和企业被中介机构“套路”的情况时有发生。强劲的经济发展驱动着需求旺盛的劳动力供需市场前进，淘洗着卷入其中的每一个个体，也呼唤着更加规范、科学的供需体系的建立。

“不识庐山真面目，只缘身在此山中。”刚入行的王国省，还顾不得思考产业层面的大问题。他所能做的，就是每天把手头的工作做好，把合适的打工者推荐给企业，把企业的用工需求传递给翘首以盼的打工者。

凭着自己的口才和勤奋，再加上与生俱来的热心肠，王国省很快就掌握了职业中介的要诀。有一次，他带着几个女孩去一家用人单位面试，不仅自掏腰包给这些初来乍到的年轻人买了水，还像大哥哥一样细心地告诉她们面试需要注意的种种事项和技巧。后来，几个女孩全都通过了面试，用人单位也非常满意。

出色的表现让他仅仅用了不到三个月的时间，就升为公司的业务主管，后来又当上了经理。“我经历过那种找工作被骗和四处碰壁的尴尬，也希望在打工的同时能真正帮到外来务工者，帮他们找到合适的工作。”王国省说。

很多时候，要做好一件事，需要的正是“真心”二字。王国省的将心比心，让当时广州开发区打工一族中流传着一句话：有困难找警察，“揾工”（找工作）找阿国。

他的广结善缘也给自己带来了许多意想不到的惊喜。有一次他在餐馆吃饭，要买单时，服务员告诉他已经有人结过账了。一问，原来是一个多年前他帮助安置过的女孩付的。当年他一个星期内带着女孩面试了10多家公司，屡挫屡战。如今，这位姑娘已经成了一家企业的人力资源主管。

入行不久，有个湖南姑娘来公司要求帮忙找工作。工作找到了，她也同意去上班了，但100元的中介费她却不愿意交。“看着她都快哭出来了，我觉得她一定很苦，就帮她垫了那100元。”王国省说。

当时王国省并没有多想，因为之前他也帮不少人垫过钱。谁知没过多久，这个女孩子主动找到王国省，要请他吃饭。一来二去，两人逐渐产生了感情，后来成了一家人。2007 年，两人的爱情结晶——女儿诞生了。为了纪念那段难忘的时光，王国省给女儿起名“馨忆”。

在人力资源行业攒下的良好口碑，让王国省得到了当时广州开发区最大的人力资源公司泰索斯的关注。很快，他就入职这家公司，并在 2005 年 4 月当上了市场主任，专职负责为区内务工人员“牵线搭桥”的事务。不到 3 年，王国省连跳数级，完成了从普通员工到业务主管、市场部经理、总经理助理的职场大转变。工作之余，为了提升自己的理论知识，他坚持学习，成为广州市最早取得国家高级人力资源管理师资格的人力资源职业经理人之一，后来他又考取了国家高级劳动关系协调师资格。深入市场的历练也让他对自己的能力充满了信心，对行业有了深刻的认识。他发现，广州开发区企业用工需求大，外来务工人员的流动性也大，劳务派遣、劳务外包是这里最主要的用工形式。这个发现让他意识到，似乎是时候重新开启自己的事业了。

2006 年，王国省与人合作运营了一家公司，专注于劳务派遣和劳务外包。当时的广州开发区推动完善规章制度，推出了“关爱农民工新春大联欢，万名农民工共享饺子宴”等充满人文关怀的活动，吸引了很多外来务工者。在王国省与合伙人的全身心投入下，公司劳务派遣业务量突飞猛进。2007 年春节期间，他们这家年轻的公司每天就要接待大约 500 名务工者的报名和咨询。企业的“胃口”也很大，有的公司一次“下单”就是三四百人的用工需求。王国省注重以人为本的管理理念，竭力推行温情的企业文化和运作模式，努力营造和谐快乐的工作氛围。“在事业不断前行的同时，我也更加成熟了。”他说。

到了 2009 年，王国省再上一层楼，创办了自己的劳务派遣公司。他带着手下的 10 来个员工，频繁奔赴湖南、江西、河北等地，联系职业院校，为广州开发区企业寻找合适的技术工人。短短半年时间，跟他签约的工人就超过了 2000 人。2012 年，他成立了广州市黄埔区思源社会工作服务中心，专门为外来务工人员提供心理咨询、扶贫帮困等社工服务。2017 年，他又与人运营了和合昊韵（广州）文化传播有限公司。至 2023 年，他已经是 10 多家公司的“话事人”，员工数量最多时有6000余人。

几千个日日夜夜，在王国省笔下化作平淡如水的几笔描摹：“转眼八九年过去了，玉哥（王国省友人）公司高峰时人数近万。我和帆弟虽然不才，麾下也曾有数千人。我们也挤进了有房有车一族，过着平平淡淡的日子，让原本陌生的城市真正融进平实的生命。”

“繁华事散逐香尘，流水无情草自春。”他在《人生不过一碗面》中感慨道，“我们倾其所有追逐梦想，努力向世界证明自己，最后的落脚点也只是一碗面而已。只是这一碗，比先前那一碗更劲道，更有嚼头，让人懂得奋斗的乐趣，顿悟知足常乐的道理。”

“以商养文” 面向打工群体书写

“我希望个人价值和社会价值能不断实现。”王国省说。他在帮助许许多多的人实现人生价值的同时，也在让自己的人生价值不断放大、提升。

赚到人生的第一个“一百万”，是王国省给自己立下的“文学之路再出发”的路标。事业的初步有成，让王国省的文学之梦再度被点亮，他决定“以商养文”。面对自己接触多年的外来务工人员群体，他愈加意识到什么才是自己真正应该写的东西：自己曾朝夕相处的这群人，太可以成为自己文字描绘的对象了！而广州开发区热火朝天的创业与发展景象，同样是文学表达的绝佳对象！

20世纪末到21世纪初，南下广东的务工人员，是与时代进程同行的一个特殊群体。伴随着这股汹涌的浪潮，这一时期在珠三角的一批改革开放前沿城市出现了“打工文学”的热潮。这股热潮中的主要作者，是（或曾经是）来自农村的打工人，书写的也是打工者的生活。作为农业文明与现代城市生活碰撞的产物，“打工文学”一度成为中国当代文学的热点，其中的不少作家和作品产生了全国性的影响，这些创作在打工者群体中也具有较高的认可度。专门刊登“打工文学”作品的地区期刊《江门文艺》发行量曾突破30万份，以“打工文学”为重要特色的《佛山文艺》《打工族》更成为全国

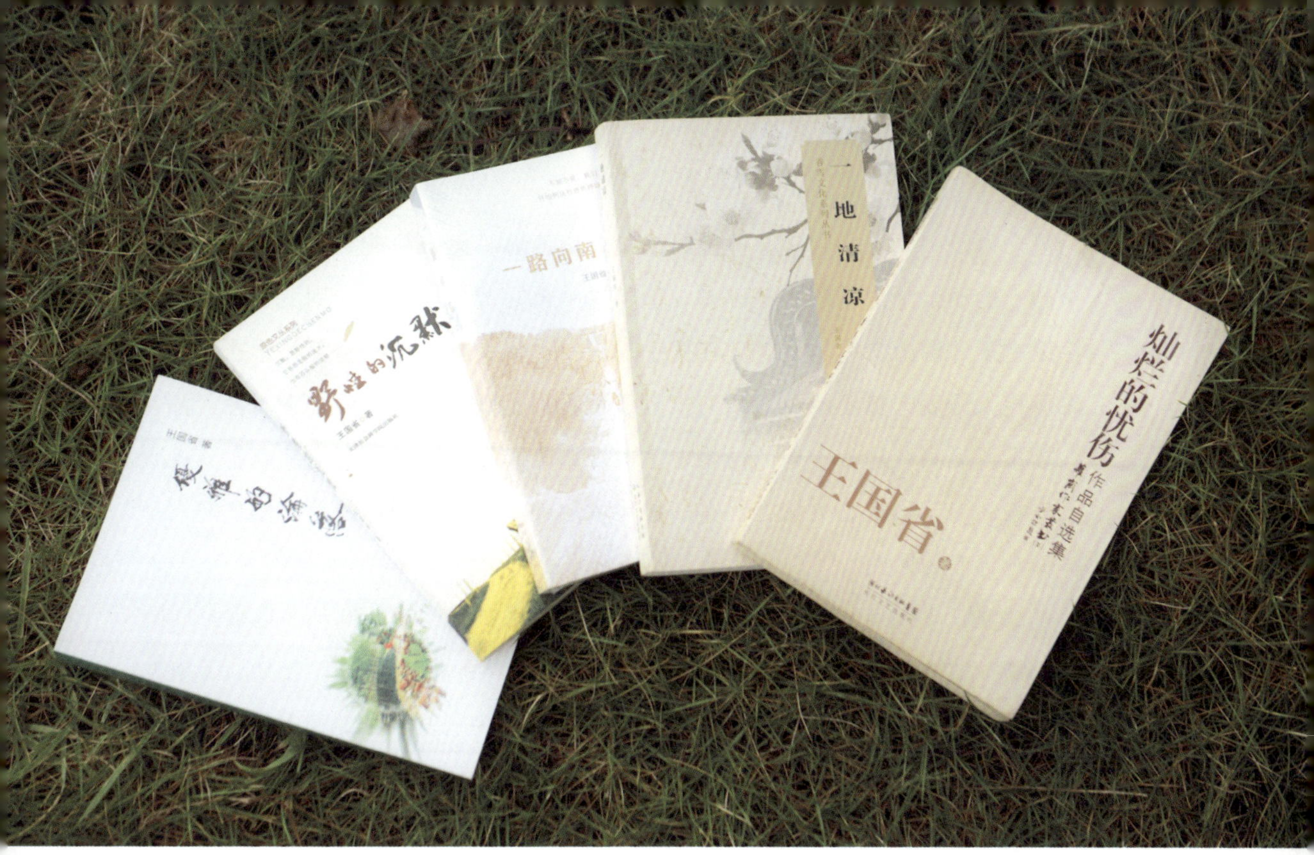

发行量最大的文学期刊。

正如一些关注这一领域的研究者所言，“打工文学”在创作资源方面的独特性，令这些创作无论从作者个人而言，还是从文学史的角度，都显得格外珍贵。“打工文学”不仅是对时代的记录，或许也是真正实现文学大众化的一条有效之途。

王国省的作品正是这股洪流中一簇个性鲜明的花。从打工者转型为为打工者服务的一方，让他在对打工者群体感同身受的同时，对他们有了更加全面而深刻的审视。比如他发现，年轻一代的打工人不仅维权意识更加强烈，许多人也不再愿意只做一个流水线上的生产工人，而是希望自己的精神世界能够变得更加丰富多彩。他们打工生涯中的人生百味，他们飞扬而跃动的青春，有着无比动人的魅力；同时，他们从天南海北来到一个陌生的大城市，也必将遭遇前所未有的挑战，生活不会总是一帆风顺。

有一次，王国省帮一位外地姑娘在广州开发区找到了一份工作。谁知还没来得及高兴，姑娘就在体检时被检查出乙肝，无奈只能离开。离别时，她脸上的泪水深深刺痛了王国省。他将这一幕写成了《小妹，别哭》一文，发表在了《佛山文艺》上。他在文中写道："每次看到那些身穿朴素衣裳，刚刚迈入开发区热土的小女孩们，就似乎看到了她们若干年后恋恋不舍，背着沉重行囊离开这片土地的情景。"也许悲天悯人的情怀渐渐地被商业气息所淹没，但王国省心灵深处仍有一块柔软的地方，他时刻提醒自己做个好人、做个善良的男人。

文章发表后，很多读者通过各种途径联系到王国省，向他表达被打动的心情。他面向打工群体的书写也吸引了主流媒体的注意。2007 年初，《南方日报》以《王国省：我要为 10 万打工仔立传》为题发表了他的人物通讯稿。在接受记者的采访时他说："我想写尽打工者的酸甜苦辣，为他们立传。"

创业维艰，时不我待。对于全情投入在自己事业当中的王国省来说，时间是最宝贵的资源。有时工作一整天下来，已经非常累，但是为了能让脑子清醒，他把脚放进凉水盆里，借着那股精神劲儿去写文章。写完时，他的脚都泡得发皱了。

见缝插针的写作、持之以恒的精神，让王国省在繁忙的工作中依旧日积月累地写下许多精彩的文字。他用"王小虎"这个笔名，以外来务工人员的生活为主要题材，陆续在《佛山文艺》《广西文学》《作品》《广州文艺》等刊物上发表了多篇作品，也成为《萝岗文苑》《残联在线》《金雁文学》等多个内刊、杂志的特约撰稿人，黄埔区政府网络论坛"诗情画意"版块的特约管理员，国内著名文学网站"红袖添香"小说组的编辑。后来，他又加入广州市作家协会、广东省作家协会，直至加入中国作家协会。

用优秀的企业文化营造员工充实的精神世界

"我清楚地记得，一次通过区残联约稿，我采访了我区一位残疾人。这位身残志坚的人为了生活，坚持打工挣钱。我采写了文章《采撷阳光的人》，并发表在《残联在线》后，这位残疾人的女儿找到我，感动地说，通过这篇文章，自己更真实地了解了父亲，体会到他的艰辛，更激励了自己要好好学习，考上大学以报答亲人的理想。最后，她如愿以偿地考上了中山大学。她的父亲打电话过来报喜，再次对我表示感谢。我也被深深感动了，那一刻，自己心灵深处柔弱的一块再一次被触动了。”王国省曾经多次向人谈起自己的这次创作，他希望透过自己的文字，读者能强烈地感受到平凡人物经历的酸甜苦辣，更能看到希望，看到苦难背后的阳光。

2008 年，王国省的第一本作品集《野性的沉默》出版，包括小说 26 篇、散文 10 篇，共计 14 万余字。在后序中他说："算是作为广州新客家人的一个总结吧，找一份精神归宿。”

从那以后，他以平均两年一部的速度出版新书。“我给自己定下的规矩是：每一本书的内容都是全新的，不能和其他书的内容有重复或交叉的地方，以保证每出一本，都是一段无可复制的时光记忆。”他说。

就这样，一直走到了 2020 年。这一年，王国省的第六本文集《故国乡愁》出版。他说，这是自己在南国生活 17 年怀恋故园情结的一个巅峰，“当灿烂而沉重的夕阳一次次挂在故园老屋那棵寂寞的老枣树上时，我知道自己离开它的时间是越来越久了”，而“那么多年来，我庆幸自己依然燕子衔泥筑巢似的，忠实记录着生命里踏石留痕的一个个瞬间”。

文字间或许不时流露出唏嘘，但王国省对广州这片热土的热爱却一如既往。他看好广州丰富的创作素材和得天独厚的人文环境，而“广州开发区作为岭南文化的发祥地之一，有着深厚的文化底蕴。春看禾雀，夏啖荔枝，秋食甜橙，冬赏香雪，这都成为我用之不竭的创作源泉”。

在这里，他的一些管理理念得以更加充分地实现。“和一些同行相比，我更加注重丰富员工的精神世界，用优秀的企业文化，润物无声，把公司作为一个青年企业家践行应有社会责任的平台。”他说，“在我的公司，有工会，有团委，还有各类员工娱乐群体。2012 年，为了更好地为外来务工人员服务，我还特意成立广州市黄埔区思源社会工作服务中心，为外来务工人员提供心理咨询、扶贫帮困等社工服务。自公司成立以来，我每年都会带公司

优秀外来务工人员去外地旅游。”

近几年，他看到不少青年业余也爱遣词造句，先后出资数万元组织了“他乡明月”和“悦才杯”征文比赛，为文艺青年提供施展才华的平台。他经常对基层管理人员说：“员工不是简单的机器，他们也怀揣各自的梦想。我们曾经也是个打工者，要明白他们的感受，让员工有尊严地快乐地工作生活。”

在工作之余，他依旧“见空插针”地回报社会。帮社区写快板，参加各种文化活动。同时，他也发挥主持方面的特长，免费为一些有需要的朋友做婚庆司仪。

王国省在创作和工作之余，还是一位有十几年服务经验的广州开发区老义工，曾被评为广州开发区“十大优秀义工”之一。他以义工为题材写的文章《岭南春早》发表在《萝岗文苑》上，还曾经两次作为优秀外来务工者代表参加广州“读书活动日”并畅谈自己的学习收获。2013 年，他创建香雪文学电台，每天录播正能量的文学作品，听众上万人。2014 年初，他又获评广州市 2013 年度优秀外来务工技能人才。2016 年 3 月，他当选为广州市黄埔区作家协会主席，同年加入中国民主同盟。

对于王国省来说，黄埔不仅是他的逐梦之地，也是他帮助别人追逐梦想的地方。

“每人都有梦想，每个人在不同时期又有不同梦想，但梦想的本质是不会变的，人生不过是不断地对梦想的内容加以完善和丰富。也许，人类的梦想并没有真正实现的那天，因为梦想没有最美，只有更美。在四季如春的南国土地上，我始终都是一个追梦人。”正在迈向“知天命”之年的王国省如是说。

延续和传承黄埔文脉

时代的车轮总是滚滚前进，新一代的务工者对于精神文化的需求也是与时俱进的。王国省说：“20 年前我入行的时候，面对的打工者大多是‘60 后’‘70 后’，他们和后来的‘80 后’‘90 后’相比，有着许多不同的地方。他们承担着更多的责任，因为那个时候，家里的子女一般有三四个，在这样的氛围中长大，他们的家庭责任感、社会责任感，可能更具有时代性。那时的打工者，给我的感觉就是，相对比较脚踏实地，比较注重理财，比较勤勉。而现在的打工者呢，似乎更加洒脱一点。”

王国省表示，现在的打工者很多是独生子女，他们的父辈已经帮他们承担了许多，他们的生活条件应该说是比较优越一点的，他们也有自己的特点，就是大家常说的“奔涌的后浪”。他们“接地气”的一面，体现在诸如对新科技的接受、对新事物的钻研上。他们对于未来比较有前瞻性，面对时代的大潮，他们知道哪些是自己所需要的，基本上不会浪费自己的时间。

在王国省看来，还有一部分年轻人，对文化、文学的追求更加挑剔，有自己强烈的个性。所以他在主办的刊物中专门开设了一个栏目“香雪芽儿”，这个栏目专门针对“90 后”“00 后”的年轻人。王国省介绍：“我们也收到了一些很不错的作品，年轻人的文字特别干净，更理想化、更浪漫主义，不像中年人，都是沉甸甸的现实。我们也吸收一些优秀的年轻人加入广州市作家协会，其中一位加入广州市作家协会的时候只有16岁，是其中年龄最小的会员。她高中毕业之后考到了美国的东北大学。她在美国写的文章仍然透出中国情怀。我们很庆幸与她相交几年，让她带了中国的文艺、黄埔的文艺到了另外一个国度去传播。”

随着城市化的进程，一些外来务工者也离开了广州开发区，转战珠三角其他地区，但他们在这里留下了很深的印记。之前广州开发区的打工者群体中有一个“金雁文学社”，还成立了“金雁艺术团”，办了《金雁报》，很多人在上面发表诗歌、散文、小说，这些资料是广州开发区的宝贵记录。

“广州开发区对我来说是一个福地，我在这里结识了很多人，也感受到这里浓郁的文化氛围。”王国省介绍，黄埔区现在推出了一系列文化扶持政策，如推动成立人才工作室等，让文化文艺的种子在黄埔生根发芽。黄埔的

历史文化积淀很厚，有800多年历史的玉岩书院、1400多年历史的南海神庙、中国将帅的摇篮黄埔军校，还有东江纵队的活动行迹等革命遗迹，很多地方都值得浓墨重彩地书写。广州开发区各级领导和主管部门一直在努力用好这些资源，做好文化文脉的延续和传承，从不停步。黄埔区图书馆新馆刚刚建好，就专设了黄埔本土作家陈列柜。读者看到这些描写本乡本土的作品，会感到特别亲切。

情洒广州开发区

2024年是广州开发区建设40周年。站在接近不惑之年的广州开发区、广州市黄埔区，已近天命之年的王国省有无限感慨。

他依然记得20年前的春天踌躇满志、一路向南的那份豪情壮志，那个未开成的餐馆有时还会浮现在他的梦境中。那些模糊或者熟悉的身影有的已经离开这片土地，有的已成为这里的一员，像他一样成为城市的新客家人。当年曾在他人生迷惘期给予无私指点和帮衬的领导有的已光荣退休，偶尔在某处遇见也会叙叙旧，提起锐意改革不停步的广州开发区，他们都有着深厚的感情。

作为无数外来务工人员的代表，王国省是广州开发区的幸运儿，他在这里逐梦圆梦，以笔为媒，真诚地记录这个时代，为他的南部故事上色描绘。广州开发区精神嵌进他的灵魂深处，成为他成长年轮中最为幽深的纹路。饮水思源，王国省也在以行动回馈这片美丽的土地。

2015年6月，荣获广州开发区第三届“香雪慈善大使”；

2020年9月，成为中国作家协会会员；

2021年7月，连任黄埔区作家协会主席；

2022年9月，当选为广州市黄埔教育基金会理事长；

2023年11月，其散文集《一路向南》获广东最佳纪实奖……

面对记者的采访，在广州开发区、广州市黄埔区已生活工作20年的王国省笑声朗朗。“20年，弹指一挥间，但来时的路刻骨铭心。不忘来时路，方能续进步。我现在正在酝酿献给广州开发区建设40周年的一部中长篇小说，也献给我遇见的那些人、那些事，致敬改革开放的伟大时代。”王国省如是说。

百舸争流，千帆竞发。我们都期待着广州开发区、广州市黄埔区无数奋楫者能像王国省一样珍惜韶华，怀揣梦想，奋发有为，勇立潮头，聆听珠江大潮滔滔，为实现民族复兴的中国梦奉献智慧和力量。

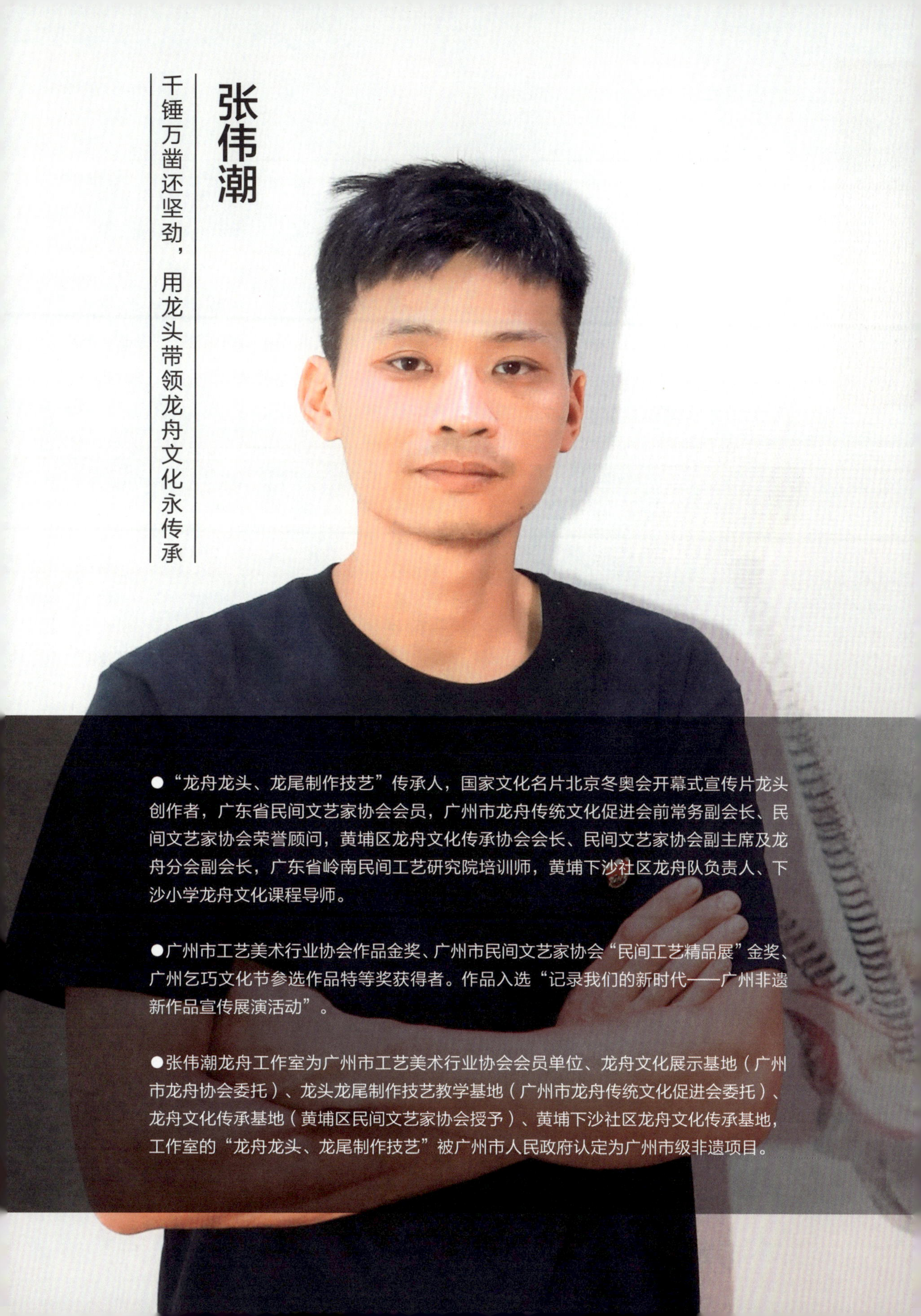

张伟潮

千锤万凿还坚劲，用龙头带领龙舟文化永传承

●“龙舟龙头、龙尾制作技艺”传承人，国家文化名片北京冬奥会开幕式宣传片龙头创作者，广东省民间文艺家协会会员，广州市龙舟传统文化促进会前常务副会长、民间文艺家协会荣誉顾问，黄埔区龙舟文化传承协会会长、民间文艺家协会副主席及龙舟分会副会长，广东省岭南民间工艺研究院培训师，黄埔下沙社区龙舟队负责人、下沙小学龙舟文化课程导师。

●广州市工艺美术行业协会作品金奖、广州市民间文艺家协会“民间工艺精品展”金奖、广州乞巧文化节参选作品特等奖获得者。作品入选“记录我们的新时代——广州非遗新作品宣传展演活动”。

●张伟潮龙舟工作室为广州市工艺美术行业协会会员单位、龙舟文化展示基地（广州市龙舟协会委托）、龙头龙尾制作技艺教学基地（广州市龙舟传统文化促进会委托）、龙舟文化传承基地（黄埔区民间文艺家协会授予）、黄埔下沙社区龙舟文化传承基地，工作室的“龙舟龙头、龙尾制作技艺”被广州市人民政府认定为广州市级非遗项目。

黄埔历史悠久，文化亦是多姿多彩。近年来，广州市黄埔区、广州开发区不断创新文化旅游产业扶持政策，吸引国内外文化人才齐聚黄埔，共同推动区内文化事业、文化产业的繁荣发展。张伟潮便是这浪潮中的一名推动者。

从 10 岁靠自己的摸索，用家里的工具雕刻出完整的龙舟模型，到 33 岁成为非遗传承人，这个土生土长的黄埔下沙匠人，千锤万凿磨技艺，用龙头作为媒介，数次让黄埔文化登上国际舞台。如今，他依旧带着坚韧不拔的劲头，执着地奔跑在传播本地龙舟文化的征途中。

真金不怕火炼，冬奥会龙头惊艳世界

2022 年 2 月 4 日晚，第 24 届冬奥会开幕式在北京国家体育场举行。从黄河之水天上来，到迎客松矗立鸟巢，一幕幕精彩的画面，向世界展示着中国魅力。开幕式上，在以中国二十四节气串起的倒计时环节，一个极具岭南风韵的龙头带着水花浮出水面，传递出中国的龙文化和团结向上的民族精神。这个令世界惊艳、也令国民引以为豪的龙头，正是来自黄埔的非遗项目“龙舟龙头、龙尾制作技艺”传承人张伟潮的作品。

张伟潮是黄埔区下沙村人，也是广州城内仅存的、为数不多的手工龙头制作者之一，被媒体誉为“最年轻的龙头专职制造者”。2021 年 12 月，张伟潮像往常一样宅在工作室里进行龙头制作，一通外省的电话打断了他的工作。“当时冬奥会工作组打来电话，说是张艺谋导演团队的，想找我们借龙头，我还以为是诈骗，反复确认后才知道确实有这么一回事。”张伟潮笑言。

因为创意需要，开幕式导演组需要在极短的时间里找到能代表中国二十四节气的东西。“在中国，最能代表端午的是龙舟，最能代表龙舟的是龙头。导演团队也不是一下子找到我的，而是找了很多线索，经过了层层筛选。龙头作品能够登上冬奥会，是对我努力的认可，更重要的是向全世界展示了龙头制作的技艺。”张伟潮口中的这个被导演“选中”的龙头，是他在2020年为广州天河区石牌村定制的龙头。由于拍摄任务非常紧急，张伟潮借助各方的力量和石牌村沟通，短短几天，就顺利完成了联络、挑选、借出、运送等任务。

谈及这段“上冬奥会”的经历带来的影响，张伟潮打趣道：“订单量上变化不大，但得到的关注更多了。冬奥会之后到端午节那段时间，我几乎天天坐在这里接受媒体的采访。感谢大家的这份关注，也让我更有动力传播和传承龙舟文化。”

在龙头雕刻的路上，一走便是二十几年

其实，冬奥会龙头的亮相并非张伟潮的作品第一次登上国际舞台。2019年他就曾收到邀请，出席国家艺术基金“丝绸之路国际时装周·优秀作品海外巡展”第二站。用“出名要趁早”这句话形容张伟潮的职业生涯并不算夸张，张伟潮在很小的时候就已经呈现出超强的动手能力和雕刻天赋。

张伟潮的父亲是个木工。或许是家庭环境带来的便利，10岁的时候，张伟潮就靠自己的摸索，用家里的工具雕刻出各种各样的龙舟模型和小伙伴一起玩耍，此后越做越精细。初中阶段，甚至有人登门要买他的雕刻作品。但据张伟潮自己的说法，他之所以会以龙头雕刻为职业，完全是因为少年时期就萌芽的热爱。

在张伟潮的记忆里，下沙村的龙舟文化氛围非常浓厚，端午节的龙舟活动甚至比春节还要热闹。年幼时，张伟潮喜欢到河边，爬上龙舟学着划，他也会仔细观察龙舟的外形，琢磨其中的结构。张伟潮说：“当你喜欢一样东西，就想拥有它，但是我不可能放一艘真实的龙舟在家里，所以只能自己做模型。”少年的张伟潮的手中“游”出了上百只小龙舟模型。但那时制作龙舟模型对他而言，只是兴趣。

2008年，张伟潮以优异成绩从职校汽修专业毕业，获得了留校当实操导

师的资格。“毕业的时候学校给了我两个选择，一是留校当老师，二是推荐就业到不错的单位。尽管去企业能赚更多钱，但我还是选择了留校，想着业余时间足够多，可以继续做我喜欢的龙舟模型。”在工作之余还能兼顾多年的爱好，张伟潮本以为这就是最好的状态，但干了两年后，他发现自己的精力难以平衡，于是毅然辞职，全身心投入制作龙头的工作中。

“当时全世界都不支持我，校领导觉得可惜了对我的培养，家里人也认为我选择的是完全没有前景的职业。不过那时因为海珠区仑头村的订单，我也算给自己开了个好头。”张伟潮口中的订单，让他在短时间内交付了3个龙头，向外界证明了自己的能力。

2010年，仑头村要赶制3条新龙舟，但承接的船厂只负责制作船身，龙头要另找师傅订做。听闻下沙村一个叫张伟潮的年轻人会做龙头，带着将信将疑的态度，仑头村的村民给了张伟潮一个旧版龙头做参照，希望他用一个半月的时间赶制出3个龙头。结果，这个年轻人不仅在规定时间内完成了龙头，其质量还超出了村民的预期。随着仑头村划着装上新龙头的龙舟四处应景探亲，张伟潮的名声也传播开来。后来张伟潮接到的订单，近的有来自粤港澳、湖南等地龙舟队的，远的更是有来自新加坡、马来西亚等华人的。

在大家都不认同这一行业前景的时候，张伟潮选择把热爱的事情作为一生的职业。尽管道路艰难，但多年来对龙舟的热爱、为之付出的心血，无形之中让他走出的每一步都更加坚实。

2000年左右，互联网开始普及，正上初中的张伟潮通过开博客、设论坛、建QQ群等方式，在网络上汇集了将近100名龙舟爱好者，还成为广州第一个官方认证的民间龙舟组织的牵头人。

这些爱好者与专业龙舟队的队员不同，他们当中有白领、公务员、快递员、个体户……就是这么一群人，不仅传承龙舟文化，还让扒龙舟成为一种日常健身运动。下班之后，大家因为共同的爱好从四面八方赶到河涌边一起训练。周二、周五晚为例行训练，除春节期间外，例行训练几乎不曾间断。临近端午时节，更是几乎夜夜加练。通过广佛龙舟联赛等形式以赛会友，张伟潮凝聚的这支龙舟爱好团队，为本土龙舟文化的推广和龙舟体育运动的普及发展贡献了不少力量。

“其实‘广州传统龙舟协会’2006 年就成立了，但到 2013 年才正式注册，并更名为‘广州市龙舟传统文化促进会’。刚成立的时候，龙舟文化处于低谷期，因为有了我们这群人的力量，大家一起做龙舟文化的推广，搭建龙舟竞技的平台，龙舟文化渐渐有了一些生气。”张伟潮说。

从组建爱好者社群到成立协会，张伟潮除了做龙头，就是在为协会的事情奔忙，从未考虑过做别的事业。投身于热爱的事情并且享受其中，张伟潮不知疲倦地做了各种各样的尝试，直到 2017 年广州市龙舟传统文化促进会越来越成规模，准备成家的张伟潮突然发现，协会占据了自己过多的时间和精力，却没有给他带来经济效益。

为了生存，也为了在家庭中承担更多责任，张伟潮成立了自己的工作室，并下功夫认真思考工作室的发展规划。“那个时候感觉天天都处于瓶颈期，当你有一定压力的时候，想法会发生变化，可能这就是一个人的成长。好在我从来没想过放弃。” 张伟潮如是说。

促使张伟潮做出改变的，是吃夜宵时村里一位大哥说的一句话：“今天回看过去 5 年做的事情，如果都是一样的，那就是退步落后了。当你身边的人都在不断前进，但你却没有任何一丝进步的话，那就是退步的。”这句话让张伟潮深感激荡和震撼，他觉得自己是时候更进一步了。

2017 年初，适逢张家祠堂旁边的偏厅要对外出租，张伟潮考察之后，5 月份就租了下来，在这个有着 500 年历史祠堂的东村祠青钱别墅中正式成立了自己的公司——潮汇龙船创艺工作室，既制作龙舟模型，也修复和创作龙头、龙尾。

张伟潮花了很多年的时间锻炼技艺，组织活动，增长见识。虽然很晚才建立工作室，但是张伟潮通过自己坚持不懈的努力和一点一滴的积累，赢得了良好的人脉关系和口碑，而他对民族文化也有了更加深入的领悟。在一个刚刚好的时间受人点拨，又刚好租下一个合适的地方作为工作室，张伟潮自

己也觉得一切都像被安排好了一样："如果再早几年走出家门创业，我可能不会得到这么扎实的锻炼，更不会有今天，蛮奇妙的。"

认准了目标便埋头苦干，张伟潮花了3年的时间就实现了原先5年计划的设想。2017年，在原黄埔区文化广电新闻出版局（现黄埔区文化广电旅游局）的支持下，黄埔区龙舟文化传承协会成立了，张伟潮是发起人之一，也是协会会长。协会成立后黄埔区的龙舟爱好者积极参与，助推更多人推广龙舟文化。2019年，龙舟龙头、龙尾制作技艺正式列入黄埔区第四批区级非遗代表性项目名录，张伟潮也成为这个项目最年轻的传承人。

张伟潮坦诚地说："只要认真做一件事，不可能不成功。在以前的观念里，传承人大多数是老人家。到区里申报非遗的时候，很多人不看好我，觉得我太年轻了，官方不会认可我的工作年限。但经过区里的调查走访，我还是申报成功了。这要感谢老前辈们的推荐和帮助，也要感谢黄埔区实事求是的办事精神。”

二十几年一路走来，张伟潮始终如一。在他看来，并不是自己选择了龙头，而是龙头选择了他，是时代的契机成就了他。

龙头的背后是文化的传承

“现在的人为什么还热爱划龙舟？我觉得龙舟是维系感情的重要方式，是从老人家那里口口相传，到我们后辈还一直在延续的人情往来。”对于张伟潮而言，时代在变，审美在变，但龙头要表达的文化本质没有变。

中华人民共和国成立之后，中国的龙舟文化经历了几个起伏。20 世纪 50 年代社会稳定，是龙舟文化的高峰期；20 世纪六七十年代因为“文革”，龙舟文化进入低谷期；20 世纪八九十年代改革开放，随着珠三角地区走向繁华，区域内的村落重新搞起龙舟，龙舟文化迎来一个鼎盛期；2000 年到 2010 年这段时间，城市化迅速发展，年轻人的参与慢慢减少，张伟潮在这个时期选择入行，实可谓投入了深厚的感情。

据史料记载：南汉时，广州已有端午扒龙舟的记载；明清时，广东官方和民间端午节赛龙舟的活动已很普遍。对于当时龙舟竞渡的盛况，《天山草堂集》中曾有这样的记载：“粤人习海，竞渡角胜，而大舟比常制犹异，十余年始一举。船广可三丈，长五之。龙首至尾，金光夺目，迭彩如层楼……”

黄埔因港而兴，地处水网之区，与舟的关系可谓密切，珠江水交通尤其靠划船。龙舟招景送请柬，水路迢迢探亲友，仪式感十足，人情味浓郁，细节里都是情意连绵的故事。

“两三百年前，赤沙村有村民划龙舟在珠江一带遇到了风浪，这在过去是很大的事故，因为整条龙舟上都是村里的男丁。我们村的村民在珠江边耕作的时候看到这个情况，就把他们救了上来，每家每户拿出棉被、凉席、吃食，在祠堂招待这些落难的村民，天晴之后他们才回去。此后，两个村的情谊就通过龙舟联系了起来，像这样温暖的故事延续了几百年。”说起过往龙

舟的故事，张伟潮仍然会感受到一股暖意。在他看来，这种团结的力量无论什么时候都是格外珍贵的。

龙和龙舟的结合是岭南水乡的一种习俗和文化。赛龙夺锦、龙舟饭等盛大的民间活动是连接宗族文化、乡邻情感的精神纽带。龙头、龙尾更被尊为龙舟的“灵魂”，汇聚了龙的精神和文化，常年被放在祠堂供奉，也是村里的守护神、吉祥物。

虽然划龙舟在岭南地区是一项很广泛的活动，但不同地方划龙舟的方式和内涵又有细微的差别。据张伟潮介绍，就广府派系而言，分界线在黄埔区沙涌村，沙涌村以东一直到增城、东莞、惠州一带，用“大头狗”龙舟；沙涌村以西，包括广州、佛山一直到粤西阳江那边，则用“鸡公头”龙舟。而他做得比较多的是“鸡公头”流派的龙头。

“我们划龙舟，不仅是在黄埔，还会蹿到天河、海珠、番禺，其实大家是同一个脉络，同一个文化圈，只不过细分到每个村落，又有自己独特的故事，从而衍生一些独属于它的文化。黄埔最特别的地方是以南海神庙为中心。”张伟潮说。

作为中国四大海神庙中唯一保存下来的规模最大、最完整的海神庙，南海神庙是西汉以来海丝之路发源于广州的重要见证，也是对外贸易交往的历史见证和重要史迹。由于地处珠江出海口，以前中外海船出入广州按例都要到庙中祭拜南海神，祈求出入平安、一帆风顺。因而当地人在端午节前，会先将龙舟划到南海神庙祭拜，还会将神明请到龙舟上面坐镇，在水上进行游神的活动。

“历史上，出海远洋的人都会来这里祈求平安，这会让人更有勇气面对未来的困难，内心也更安定。南海神庙在我们心目中有着崇高的地位，只有先去拜了南海神，一年的龙舟活动才算是正式开始。”或许，传统文化在某种程度上有着迷信的色彩，但张伟潮更愿意将其解释为一种“正向心理学”：人们始终向往美好的生活，并为了这种美好对社会做出贡献和努力。

“有人开玩笑说科学的尽头是神学，但神学其实是心理学。为了美好的向往而努力，能够带来的是任何药物都无法提供的安定和自信。”张伟潮表达着自己的见解。

在龙头与龙舟的关系上，张伟潮有自己的见解——任何传统技艺都是由传统文化支撑的，因而在制作龙头的过程中，张伟潮始终坚守两个原则：传统不能丢失，创新也不能停止。从第一个龙头订单开始，张伟潮就在思考如何做出差异化的龙头。随着经验的积累，张伟潮逐渐尝试把各村文化特色加入龙头，带动村里原本不关心传统文化的年轻人一起了解村里的姓氏文化、宗族信仰、禁忌喜好等，让每一个龙头都能够对村里的历史和文化有所传承，以此触发更多的文化认同。

除了保留每个村子的特点，张伟潮在考察交流的时候也会问清楚龙舟的用途，从而决定龙的表情。按传统雕刻方式，龙的眼睫毛用颜色勾出或浅浮雕就可以了，但张伟潮却能把它更立体地雕刻出来，更显生动和灵气。张伟潮说：“竞技用船要显得进取、威风，甚至有点凶狠，巡游用船的龙头表情自然就要柔和一些。”

设计、选料、开样、粗雕、细雕、打磨、上漆、装配件，做一个龙头，最简单的要 3 天，复杂的要十几天才能完成，还要每天“开凿”8 个小时以上。龙头不同于由多块木材装嵌而成的龙船，除了龙角需另外装嵌外，龙头主体由一块原木雕刻而成，错刻一刀便难以补救。但因为热爱，就算反复雕刻、刮伤手指，张伟潮也从未放下过手中的刻刀。对于张伟潮而言，他雕的是龙头，用的是技艺，聚的是人心，传的是文化。

每一次龙头的创作，对于张伟潮来说，都是一次与传统文化的对话。也正是通过一次次交流研究，一个个村落的风俗文明、不同的龙头形制纹理等，都存到了他的知识库中，不断碰撞，让他衍生出新的灵感与思考。

“情”大于“技”，将物件变为精神传承下去

对于龙舟龙头、龙尾技艺的传承，张伟潮是充满信心的。“非遗的涵盖

面很广泛，技艺类的只要肯动手，只要龙头制作这个行业能运营起来、有一定的规模，就不愁没有人来学，反而是文化的传承更需要担心。”张伟潮肯定地说。

从技艺人到传承人，张伟潮一直在行动中前进，思考，再前进。张伟潮做过很多讲座、培训，也做过很多非遗进校园的活动。近年张伟潮获得了一些新的体会，他认为非遗传承要找对群体，聚焦传承的力量。

结合自身成长的经历和20多年的从业经验，张伟潮深感村落仍然是传承龙舟文化的关键。“像我们这样在村里长大的孩子，从小就受到龙舟文化的熏陶，天然就（对龙舟）有亲近感。现在很多人只看到赛龙舟和龙舟饭的热闹，但对于这之中蕴含的情谊，对于这种村与村之间最高规格的互访是不了解的，这让我感到非常可惜。”张伟潮说。

张伟潮介绍说，为了一顿饭再三邀请，被邀请方为表示礼貌，稍微推辞

后过来了。招待方拿出家里储存的食物做出一桌桌美食。双方凑在一起，人很多，很热闹，有的坐在桌子旁吃，有的可能蹲在地上吃，这些情形是真正珍贵的。现代社会科技发达，社交媒体上的问候取代了很多见面的问候，尽管坐车交通很方便，到酒店吃也很美好，但再好的宴会，没有了烦琐的礼节和人情往来，就缺少了中国式的浪漫和情怀。

作为一种融入日常的生活方式，龙舟文化的仪式感正在丢失，人与人之间的关系也变得冷漠。村里宗亲的环境和氛围更浓烈些，重点引导在村里长大的孩子来传承龙舟文化，或许是更有效果的。“精准定位爱好者群体，把他们团结起来，共享资源，他们就可能成为自己村的‘张伟潮’，再回去影响村落，才有条件触及和影响更多社会上的人。”

侧重传承某一群体，并不意味着放弃其他群体，对校园以及社会公众进行龙舟文化的普及也是必要的。哪怕多花一些工夫，让年轻人感受到传统文化的内涵和精神，都是有价值的。只有了解传统文化的根和魂，才会真正对民族文化产生认同感，社会发展才会更有力量。

成为非遗传承人后，张伟潮觉得自己身上多了一份责任。“我的体会老人家说不出来，也没办法解读。我们这一代人刚好处于农耕社会与城市文明的交替点，作为当事人，我们必须突破瓶颈，对文化保育，否则一味谋求发展，传统文化很容易被埋没。”深知文化传承的得失和难点所在，张伟潮时刻提醒自己要头脑清醒，通过合适的方法和路径进行文化传承。

黄埔的文化氛围给予了他更多信心。近年来，黄埔区以城市文化软实力带动产业发展硬实力，着力打造富有岭南特色、人文魅力，具有开拓精神、创新活力的社会主义文化强国创新示范区，把重视文化建设的氛围落到细处、实处。“这方面黄埔做得很好，不仅给予传统文化政策支持，对古树、古建筑都保护得很好，这里始终保留着水乡的味道。”张伟潮说。

过去 5 年，张伟潮将主要精力聚焦在工作室的发展上，建设团队、教授徒弟、传播非遗文化。如今，工作室已经实现了稳健的运营，也在社会上获得了很多认可。除了继续发展龙舟龙头、龙尾的技艺外，张伟潮计划将更多的时间和精力投入龙舟文化的传承中，“我要用我积累的一切实力，联动黄埔的力量，让更多的人参与到文化传承这件事中”。

张显峰

为动漫生产贡献中国智慧

- 广州漫友文化科技发展有限公司副董事长。
- 高级经济师、博士，主要从事动漫及动漫文化产业、智力资本、组织行为的研究。
- 另担任海南漫友文化科技发展有限公司等公司高管。

2023 年 4 月 6 日，中国文化艺术政府奖第四届动漫奖颁奖活动在四川成都举行，广州漫友文化科技发展有限公司（以下简称“漫友文化”）荣获最佳动漫创作团队奖项。

颁奖方给漫友文化的颁奖辞是：“漫友团队植根中国动漫创作和市场开拓 20 多年，坚守漫画出版领域。作品内容丰富，包括中华优秀传统文化、新时代当代中国等众多题材的作品。团队执行能力和创新能力较强，市场运营成熟，具有较高的动漫创作实力和艺术水平。作品制作精良，得到了广大读者的喜爱，漫画作品数量、质量、影响力在全国名列前茅。”

“这是漫友文化深度耕耘动漫产业的硕果，是整个团队的光荣与骄傲。”漫友文化副董事长张显峰坦言。

张显峰所服务的漫友文化专注于动漫的内容生产与运营，引领了多次中国动漫发展变革，为业界培养了大量人才，是中国动漫发展史上不可或缺的力量。漫友文化推出了众多中国原创漫画作品，发掘和培养了上千位漫画家，被誉为中国动漫界的“黄埔军校”。这家公司拥有丰富的大型动漫活动策划经验，是中国国际漫画节的策划和服务单位，打造了中国动漫金龙奖这一业界有口皆碑的赛事品牌。

2022 年，广州市黄埔区文化广电旅游局与漫友文化签订了筹划“RCEP 动漫游戏版权交易会”的合作意向。据介绍，“RCEP 动漫游戏版权交易会”为黄埔区推进国家对外文化贸易基地创建工作的重要活动之一，倘若能成功举办，就是国内首个聚焦于《区域全面经济伙伴关系协定》(RCEP) 的国际性动漫游戏版权交易展会，将通过提供多元化、多层次、多渠道、全方位的服务，促进动漫游戏文化贸易规模增长和结构优化，提升国家文化软实力和中华文化影响力。

致力于原创动漫的创作生产

漫友文化成立于1997年，是国内重点动漫企业之一。作为当代中国动漫产业的先行者与探索者，至2021年底漫友文化已出品发行了超过5亿册漫画，陪伴了两三代人的成长，其业务覆盖动漫IP（知识产权）生产、内容出版、定制服务、活动运营等。漫友文化还是国内知名的动漫IP孵化平台，在原创动漫内容生产与版权运营方面，均取得了不俗的成绩。

“从资讯到原创，培育本土原创漫画的沃土；从期刊到丛书，知识漫画相关读物全面开发；从内容生产到内容运营，打造一支由漫画作家、优秀策划和内容运营组成的团队。”当谈及公司的发展历史时，张显峰表示，“循序渐进、由少到多地发展和培养起了一批优秀的原创国漫作品，逐渐成为一个孵化原创动漫的优质平台。”

“漫友文化积极与国内新生原创漫画家合作，创作了大量优秀且风格各异的国漫作品。”张显峰说，“主打动漫内容的原创，不仅是漫友文化自身的业务转型，还推动了业界人才的转型。”

据了解，漫友文化的这一转型是充满前瞻性的，优秀的原创作品开始填补起内地原创漫画市场的空缺，以漫友文化为中心的原创动漫出版读物慢慢大红大紫。到2005年，漫画杂志《漫友》相关出版物发行量已突破150万册，正式迈进原创动漫时代。

争当动漫内容的创作源头

以《漫友》为起点，漫友文化旗下运营的《漫画世界》《漫画秀》《萌萌》《新蕾》等多种动漫及文学期刊相继涌现。漫友文化通过不断孵化新平台，打造系列动漫传播集群，形成对不同群体的细分市场，实现规模化经营。

张显峰介绍，《漫友》刊群坚持长篇原创漫画连载，并与港台漫画家开展出版合作，以达到发展自身漫画期刊并铺设矩阵的目的。《漫友》在版权引进方面将目光瞄准了港台地区，其中最著名的是敖幼祥的《乌龙院》系列，是畅销又长销的漫画作品。除此之外，还有蔡志忠创作的《中国古籍经典漫画》系列以及少女漫画家游素兰的作品，都受到了广大读者的喜爱。

漫友文化还将业务重心放到发展内地原创漫画方面，挖掘并培养了一批优秀的内地漫画家。这是漫友文化对中国原创动漫所做的巨大贡献。

张显峰说："就漫画内容而言，《漫友》刊群漫画多为少女漫画，画风细腻华丽，给人以美好、温暖的感觉，具有浪漫主义色彩。就漫画形式而言，黑白漫画表现力强劲，在通栏画面中带给读者的冲击力更加震撼，线条语言

对场景的构建和人物五官及服饰的刻画更为细腻，给人以精致之感，更能让读者沉浸在漫画本身带给人的感受之中，增强漫画的可读性。”但动漫终究要进入彩色视觉的时代，漫友文化业务也与时俱进，不断进行裂变和升华。

打造漫画产业链运营模式

“我们主张做漫画还是要单纯，要专业。”张显峰说，“《漫友》发表的优秀作品《兔子帮》《乌龙院》等都做动画，但都不是我们自己做，而是专业动画公司制作。我们只经营上游的原创漫画，在动漫产业链里，我们把握最核心的环节，这个环节做通了，下游的环节自然就一通百通。”

早年漫友文化基于自身内容优势推出漫画及小说单行本，是其衍生化运营的首要步骤。漫画期刊作为长篇故事漫画连载的阵地，作用更多体现在对漫画内容进行宣传，在保有忠实读者对连载内容的关注度的同时，通过连载漫画吸引流动读者的眼球，从而将其转化为长期读者，为下一步发行系列单行本及衍生产品做准备。

“早期漫友文化已形成画集、漫画、绘本、科普知识以及文学五大类型的图书产品，有许多图书是直接从刊群内容转化而成，直接体现了两者之间的紧密联系。”张显峰说。

在注重自身发展的同时，漫友文化勇于承担推动中国原创动漫事业发展的责任，拓展对外版权交流业务，不仅让作品走出去，如推动中国动漫金龙奖的获奖作品《80℃》《记得》《我的路》《如果历史是一群喵》等走向世界，截至2023年4月底，漫友文化已有300多个作品输出版权后畅销东南亚和欧洲多国；还带领作者走出去，如参与法国昂古莱姆国际漫画节，让众多代表中国原创力量的漫画作者、插画家走出国门大放异彩，在欧洲大陆掀起了一轮中国原创漫画热潮，当时合作漫画家丁冰、杨笑汝分别赴日本、韩国进行创作研修。

张显峰表示，漫友文化在早期完成自身的系列化及品牌化运营之外，还通过打造系列衍生品及举办相关活动来扩大其知名度，尝试将自身内容资源

向下游运输，打造全产业链运营模式，提升自身盈利能力。

漫友文化被认定为国家首批重点动漫企业、国家文化产业示范基地、全国版权示范单位，多部作品入选中宣部“原动力”中国原创动漫出版扶持计划。漫友文化已步入以传统文化及知识漫画为重点的 IP 流量赛道，既打造动漫 IP、以大型动漫活动弘扬国风国潮，又兼顾动漫版权链的运营。张显峰介绍，近年在董事长俞涌的带领下，公司大跨步发展，尤其是知识漫画内容矩阵建设屡创佳绩，产品长期占据各大图书销售排行前十，《如果历史是一群喵》延续销售传奇，居全网各大畅销榜之榜首；《蔡志忠典藏国学漫画》《漫画历史线　轻松学古文》《漫画历史线　趣读古诗词》《漫画读史记　超有料好有趣》等持续热销。

“节奖展”一体化的文旅融合模式

在中国文化艺术政府奖第四届动漫奖颁奖活动现场，漫友文化荣获最佳动漫创作团队奖项。中国文化艺术政府奖动漫奖是为繁荣动漫作品创作、培养动漫优秀人才、扩大中国动漫国际影响力、推动动漫产业发展而设立的国家级动漫奖项。根据《中国文化艺术政府奖动漫奖评奖办法》，文化和旅游部组织开展了中国文化艺术政府奖第四届动漫奖评选工作，评选出了包括最佳动漫作品、最佳动漫创作者或团队、最佳动漫教育机构、最佳动漫国际市场开拓、最佳动漫技术、最佳动漫形象 6 个分项在内的 20 个获奖项目。

漫友文化不仅获得国家大奖，也是国内举办动漫行业节、奖、展的实力数一数二的团队。漫友文化作为中国国际漫画节的策划与服务单位，大力发展动漫游戏展览业，构建了“节奖展”一体化的文旅融合模式。其中“节”是指中国国际漫画节，致力于打造创意成果交易和人才推介的动漫产业平台，现已成为国内具有广泛影响力的动漫游戏产业盛会；“奖”是指中国动漫金龙奖，主要联合海内外动漫机构，面向全球公开征集参赛作品，进行专业选拔和商业运作，培养众多动漫人才成为业界的中流砥柱，被媒体誉为“华语动漫奥斯卡”；“展”是指中国国际漫画节动漫游戏展，是中国唯一的国字号漫画节展，参展商涵盖动漫衍生产品、游戏电竞、电子产品、漫画及文学出版、饮食、日用品等多个领域，成为广州乃至华南地区一年一度最盛大的动漫展。

漫友文化于 2004 年联合海内外知名动漫机构创设面向全球华人的中国动漫金龙奖，以“展示原创成就，挖掘闪亮新星，褒奖创新精神，发展动漫产业”为宗旨，旨在遴选一年来华语动漫优秀作品，并进行集中展示。经过二十年的发展，形成了“年度主题动漫大奖”“漫画综合奖项”“动画综合奖项”“单项奖”“海外特别奖”等奖项，每个奖项下又分设若干小项，基本实现了内容的全覆盖，体现了“华语动漫风向标”“中国动漫第一奖”的权威性和影响力。

作为全国历史最悠久、最具权威，同时也是最高规格的动漫奖项，中国动漫金龙奖中出现许多脍炙人口的作品，例如朱斌的《爆笑校园》，韩露的《长安幻夜》，夏达的《子不语》《长歌行》，十九番的《兔子帮》，壳小杀的《南烟斋笔录》，肥志的《如果历史是一群喵》，一汪空气的《非人哉》等，这些作品凭借自身优质的内容赢取奖项，又因奖项获得更广泛的关注；而中国动漫金龙奖也因高质量作品的加持，更具权威性和影响力。二者在发展过程中形成了良性循环。

2008 年，首届中国国际漫画节在广州开幕。这一动漫盛宴经过多年发展逐渐成长为具有国际影响力的行业盛会，每年吸引来自海内外数千家知名动漫企业与动漫产业相关机构的参与，与世界范围内近 70 个国家建立交流合作的通道，不断将国内优质动画及漫画内容分享至全球，传播中华优秀文化。

作为国家“十二五”规划的三大重点动漫节展之一，中国国际漫画节同期举办“中国动漫金龙奖”等官方赛事，同时开展中国漫画家大会暨产业高峰会，云集业界领军人物及头部企业，共同探讨中国原创漫画发展的相关课题。在受众领域举办中国国际漫画节动漫游戏展，展出包括漫画作品、漫画衍生品等在内的文娱产品。2018 年，在五天展会期间累计接待 30 万人次，单日入场最高纪录为 7 万人，共有 310 家厂商品牌参展，在微博引发 4 亿次讨论，充分体现了中国国际漫画节动漫游戏展在行业内的影响力及知名度。

当谈及公司对行业的促进作用时，张显峰认为，漫友文化不仅仅是一家生产内容的动漫企业，更是动漫行业的平台服务商。一方面，其对接的是内容端的各项资源；另一方面，其直达动漫爱好者，而连接两端的桥梁，便是其搭建的“节奖展”体系。

张显峰还介绍，中国国际漫画节是国内名列前茅的节、奖、展、峰会“四位一体”国际动漫品牌盛会，每届参与的海内外顶流 IP 超过 1000 个、知名企业超过 400 家、优质品牌 500 多个、衍生品 3000 多种，平台赋能和产业拉动力不断增强。而至 2023 年底已成功举办 20 届的中国动漫金龙奖是国内举办时间最长、认同度最高、影响力最强的动漫专业大奖，每届海内外征稿近万件，推出动漫明星作者（或团队）过千，孵化出版发行的动漫作品超

过 15 亿册。蔡志忠漫画奖 2021 年落户广州黄埔，每年的成功举办，凝聚了一批动漫高端要素资源。

积极构建多元合作战略

漫友文化从创立以来，在不同发展阶段都面临不同的替代进入者，在每个阶段都没有主要依靠竞争对抗行为来构建竞争优势，而是通过各种合作策略建立和保持其行业龙头地位。2004 年，漫友文化发起并承办了（原文化部批准）首届中国动漫金龙奖。通过打造和组织专业比赛，构建了“内容生产 + 发行渠道网络”的差异化优势。

2005—2006 年，漫友文化在行业内率先提出了“动漫”概念，在一份杂志中整合漫画和动画作品的宣传与刊发。通过与动画制作跨界进入者的合作，漫友文化最大限度地整合了漫画和动画内容创作资源，并通过传媒平

台放大上游内容创作者的市场和社会价值。借助一大批多元化的动漫创作人才，漫友的发行物开始向多元化发展，其媒体渠道也开始多元化。

2011 年，漫友文化将动漫的产业链整合从书刊渠道延伸到会展渠道。国内外品牌商与漫友文化的合作不再局限于纸媒平台，更是延伸到会展平台。

随着移动互联网技术的发展，腾讯、网易等互联网企业开始“跨界”进入动漫媒体行业。漫友文化一方面多元化地拓展动漫关联业务，另一方面提供动漫内容服务。2018 年，漫友文化获得了包括腾讯动漫、快看漫画、咪咕动漫等在内的国内主流互联网动漫媒体平台内容供应商的签约，成为互联网动漫行业的内容定制策划、生产服务商。

纵观漫友文化的发展节点，公司并没有在退出或抵制进入中做选择，而是选择了开放和融合。漫友文化率先提出“动漫”概念，将各品牌商及其内容创意资源整合到自己的服务渠道中，将自己转变成为一个集合优质内容创意的服务平台。

“我们并没有感觉到行业内明显的竞争，我们更多的是在寻求合作，希望大家一起把‘蛋糕’做大。”张显峰表示，漫友文化的成长战略以“合作”为主，并成功实施，这保持并巩固了漫友文化的企业竞争优势。在发展过程中，一面要应对技术替代进入，一面要转型升级，是现今众多传统在位企业所处的困境。“尽管行业间可能存在差异，但这种战略困境具有普遍性，使漫友文化应对替代进入者的策略选择与经验具有代表性意义。”张显峰说。

建设形成良性动漫生态体系

除了增加发行物的种类和数量，漫友文化还拓展出了两个业务——IP 授权和动漫会展策划。漫友文化将一些知名漫画作品内容或形象版权化，与下游多元化的渠道合作，拓宽动漫作品内容或形象 IP 的市场变现和宣传渠道。张显峰说：“下游渠道多元化，增加了公司文化产品的商业衍生价值，漫友文化的渠道多元化策略，增强了公司的变现能力。”

此外，漫友文化也利用“策划 + 漫画家”的运营模式积极构建起良性的动漫生态体系。漫友文化制作自己的产品图库，打造漫画家和发行物品牌，加强与上游漫画家和其他横向漫画发行机构之间的合作。漫友文化同上游漫画家（工作室）共享市场信息，并策划和引导其创作适应市场需求的作品，提高合作创作与发行的效率。张显峰说：“因为主题是我们（漫友文化与漫画家）预先沟通过的，有的新作品在漫画家创作的时候，我们就已经开始推宣，这样就大大缩短了作品宣传发行的周期，我们的下游合作商也很满意。”

同时，漫友文化还创新了与动漫内容创作者合作的“明星漫画家”模式。从中国动漫金龙奖中，漫友文化发掘国内有潜力、有才华的动漫创作者和漫画家，并尝试与他们进行广泛合作。同时，通过签售会、交流会、见面会等营销活动，像打造时尚明星一样打造漫画家的个人品牌，提升他们的社会影响力。张显峰介绍，漫友文化通过与上游内容创意者的开发式合作，整合了内容创意策划、动漫发行、漫画家及工作室培育等多种合作模式。

“漫友文化通过利用型合作进一步整合自己过去纸媒阶段的内容合作

者，最大限度地保留和发挥了现有内容创意人才与团队的动漫内容创新能力，围绕活动、会展、新媒体创作、定制动漫、IP 授权等相关多元化业务开展内容创意，进一步整合会展策划、动漫视频制作、活动策划等相关领域的专业团队，打造围绕动漫会展活动策划和制作的合作创新平台。”张显峰说，“在原有‘策划 + 漫画家’合作模式的基础上，漫友文化打造了‘策划 + 品牌 + 团队’的创新平台，以支撑围绕会展、定制动漫、新媒体创作等新业态的产品、形象和内容创新。”

经过一系列合作行为，漫友文化不断调整自己的业务布局，加大与互联网替代进入者在细分市场上的差别，保护了自己的市场份额。同时，漫友文化也通过开发和利用型合作提高其在动漫内容创意和生产上的能力，提高与互联网媒体的优势资源互补性。“在这一过程中，漫友文化不仅没有被替代，反而加速了自身动漫制作方面的优势能力构建，又一次促进了企业转型升级。”张显峰说。

在广州市黄埔区委、区政府的支持下，广州市黄埔区文化广电旅游局与漫友文化签订了“RCEP 动漫游戏版权交易会”合作意向，若能成功举办，或将进一步拓展资源互补的“合纵连横”，未来可期。业界人士观察分析，此举通过与产业链上下游的关联方合作，整合资源，提升细分市场、渠道及关联业务的多元化程度，推动动漫产业发展，让动漫生态体系建设成为一项良性的系统工程。

永久落户黄埔区的漫画盛宴

2021 年，经政府相关部门批准，国内唯一以漫画大师的名字命名、专注于漫画创作领域的国际性专业大奖——“蔡志忠漫画奖”正式设立，并落户于广州市黄埔区。据悉，该奖是由漫友文化子公司广州国漫文化传播有限公司在获得蔡志忠大师授权后设立的，系列活动均由广州国漫文化传播有限公司承办。

“蔡志忠漫画奖”旨在褒奖年度最杰出漫画作品（漫画人），永久落户黄埔区一方面标志着该奖能实现可持续发展，另一方面为黄埔区增添了一项文化盛事，并扶持黄埔区的动漫创作与内容生产。

张显峰表示，漫友文化子公司广州国漫文化传播有限公司策划承办“蔡志忠漫画奖”，得到了政府有关部门的支持和肯定。蔡志忠大师是华语漫画第一人，他希望通过他的影响力帮助年轻的漫画家成长，把华人优秀的漫画作品推向世界，讲好中国故事。可以这么说，中国动漫产业看广东，广东动漫看广州。“我们希望‘蔡志忠漫画奖’落户黄埔后，起到示范带动作用。我相信，该奖会给我们的动漫事业带来更多的资源，不断提升产业的活力、创意力。”张显峰说。

据了解，“蔡志忠漫画奖”的主视觉设计由漫画大师蔡志忠作画、美术大家韩美林题字。2021 年 12 月 23 日，首届“蔡志忠漫画奖”正式颁发。代表当年中国漫画创作最高成就的大奖“蔡志忠奖”，由广东团队推出的现象级原创知识漫画《如果历史是一群喵》获得。作为首届“蔡志忠漫画奖”系列活动之一的“蔡志忠漫画展”，首次在广州展出蔡志忠大师近百幅佳作，广大漫画爱好者在黄埔区图书馆欣赏到大师极富东方韵味的作品，在漫画化的诸子百家、古典名著、佛经禅语中感悟人生。

2022 年 12 月 23 日，第二届“蔡志忠漫画奖”颁奖大会举行。作为广州文化产业复工复产后的第一场大型文化活动，颁奖大会迅速提升了广州本土乃至全国动漫行业的人气与信心。广州当年出台的《广州市战略性新兴产业发展“十四五”规划》，把打造“动漫游戏产业之都”作为重要内容，提出贯彻“大动漫”产业观念，构建动漫与其他相关产业共联共建的开放机制。由广州漫画家墨飞创作的《谷围南亭》获得“年度漫画图书奖”，可见相关政府部门推动产业发展的成效明显。

颁奖大会当天同时举办“高峰论坛暨产业对接大会”，聂峻等多位获奖者进行主题演讲，紫荆文化集团、阅文集团、粤港澳大湾区文化产业投资基金等知名企业及机构进行合作项目的签约仪式。“卯兔迎春——蔡志忠漫画奖主题画展”作为第二届“蔡志忠漫画奖”系列活动之一，在广州市黄埔区图书馆展出蔡志忠大师近百幅兔年主题新作，让广大漫画爱好者近距离欣赏大师极富东方韵味、兼具国际风采的作品。

2023 年 12 月 22 日，第三届“蔡志忠漫画奖”颁奖大会举行，2023 年度最杰出的 10 个漫画作品与作者获得褒奖，呈现了“国风出新出彩，国漫出圈出海”的崭新局面。其中，“00 后”插画师丁丁框获得“黄埔新锐奖”，这表明“蔡志忠漫画奖”永久落户黄埔区后，漫画创作的新生代已经在黄埔区发芽。

颁奖大会当天，组委会同时举办“黄埔论坛暨产业高峰会”，多位获奖者与中国美术协会理事、动漫艺术委员会副主任金城，抖音集团番茄出版总编辑孙毅等业界“大咖”进行了主题演讲与圆桌论坛，为原创动漫如何出新出彩提供了诸多真知灼见。颁奖大会后，主题画展、名家讲座、名家见面会等系列活动在黄埔区陆续开展，为广大漫画爱好者及市民送上了一道独具魅力的新年文化大餐。

“吸收传统文化精华，按照创造性转化、创新性发展的‘双创原则’，将传统文化与时下潮流相融合，让国风年轻化、时尚化、潮流化的作品和漫画家得到大家的认可，是我们承办‘蔡志忠漫画奖’的初心与愿景。”张显峰说。

陈庆华

国际人才自由港上造『未来之舰』

●广州归谷科技园有限公司首席执行官。

●广州市黄埔区政协委员。

说到黄埔，人们会很自然地将它与“港”联系在一起。黄埔港闻名千年，自古以来就是广州走向海洋的重要通道，如今仍在以开放的姿态拥抱世界。从过去开眼看世界时的“从黄埔走”，到改革开放吸引企业投资生产的“到黄埔来”，再到现在引入高精尖项目的“在黄埔干”，黄埔的发展脉络一直呈现出蓬勃的气象。

近年来，广州市黄埔区、广州开发区在聚才政策上精准发力，在成才平台上精准布局，在留才生态上精准服务，构建起“百名院士、千名领军、万名才俊”的人才矩阵，推动形成“万亿计划”之“百千万亿”人才集群的发展格局。

大批海外留学人士积极回国，并选择到黄埔创新创业，而高层次人才回流，必须有高端的发展平台来承载。在黄埔这棵繁茂的梧桐树上，广州归谷科技园（以下简称“归谷”）已耕耘十载，致力于打造海内外高层次人才创新创业梦之谷，悉心筑巢吸引更多凤凰来。

归谷——一个正在崛起的国际智造科技综合体、黄埔引才筑巢的新地标，园区依托其国内外超一流的产业、人才资源整合及服务能力，打造创新型孵化模式，为高层次人才高速成长赋能，为高科技产业高质量发展助力。

作为广州归谷科技园有限公司的首席执行官，陈庆华全身心投入归谷这艘充满创造力和人文气息的“未来之舰”中，以服务为引领，蓄能汇势驰骋在国际人才自由港，用平台之力引领未来。

勇立潮头：从加州“硅谷”到广州“归谷”

归谷坐落于粤港澳大湾区的“湾顶明珠”、广深科技创新走廊十个核心创新平台之一的广州科学城，是面向国际招商引资、招才引智的重点项目，旨在构建集总部办公、科技孵化加速、生活配套于一体的科技创新生态服务平台。

相信大多数人听到“归谷”二字，会很自然地联想到已闻名于世的美国硅谷。谈及为何命名为“归谷”，陈庆华讲述道：“归谷由杰出的侨企广东中环投资集团有限公司（以下简称‘中环集团’）携手卓越的海归科学家、海归高管共同打造。‘归谷’二字既体现我们创始团队归国发展的属性，也蕴含我们期待‘海内外人才回归于此，打造创新创业梦之谷’的愿景。”

早在二十年前，陈庆华所在的中环集团便已立足侨乡汕头，乘着改革开放的东风，广泛链接全球各国的侨团组织，在各国积极开展科技版图的布局，创建华侨华人科技咨询委员会，积极支持华侨华人科学家在各地开展各种科技活动，持续对接国外高端技术人才回国创业创新。而从潮汕起步、放眼世界的海归科学家范群博士，与中环集团“着眼科创，服务人才”的理念不谋而合。

范群博士曾在20世纪80年代赴海外留学。2000年左右，范群博士高频地参与海外华侨的回国交流活动，每年带领国外的华侨工程师专家回国参加在深圳举行的中国国际高新技术成果交易会和在广州举行的中国留学人员广州科技交流会。

怀揣相同的理念和热忱，陈庆华与范群一拍即合，在粤港澳大湾区这片创业热土上，开启了独一无二的科技创新生态服务模式探索之路。在服务海外高层次人才链接国内科技创新资源的过程中，他们体会到留学人员回国创业的种种艰辛：国内外信息不对称，海外人才获取信息的有效渠道尚未建立；人才引进的领域及对象不够精准；知识产权跨国转化难；人才项目落地国内后不熟悉国内市场机制……这一连串的问题直接影响海外人才回国创业的效果和效率，也大大增加了他们回国的顾虑。让范群与团队最神伤的是，花了大量的时间和精力将优秀的高层次人才引进回国，这些人才在国内奋斗许久只取得微末成果，甚至毫无收获又折返海外。

“这就像做菜，我们带来的是顶级食材，但食材不能决定味道嘛。菜的好坏还要看后续的烹饪与调味，甚至是加工、摆盘。所有的环节都一一做到位，才能成就一道好菜，一道被大众和市场接受并追捧的好菜。”陈庆华曾这样向范群幽默地比喻。

范群说道：“引进对接和回国落地只是开始，后面还有很长的路要走。虽然我们协助这些专家人才走出了关键的第一步，但落地后的政策对接、团队构建、企业经营、市场推广……这一系列重要环节纷繁复杂，难以在短期内一一解决，极大程度地压缩了人才的科研时间和精力，导致人才在国内的发展严重滞后。”

摸索出这种情况背后的症结所在，范群和团队萌生了探索复制世界三大著名湾区的科技孵化经验，回国为海归人士提供服务的念头。

中环集团也积极参与其中，与范群共同规划蓝图，链接双方在国内外的各类资源与运营经验，计划在国内打造一个科技创新生态服务平台，为高层次人才在国内创新创业全程保驾护航。

恰逢其时，广州市黄埔区、广州开发区政府领导团队赴海外学习调研，在该过程中了解到范群及团队的这一宏伟蓝图。在广州黄埔区、广州开发区政府的诚挚邀请和积极引进下，归谷自此在广州科学城扎根。

自归谷正式落户广州后，陈庆华一直负责园区的开发、建设、运营等管理工作。而在进入“实操管理”之前，陈庆华还曾是一名执行主编，负责政府机关杂志《建筑文化》的策划、编辑、出版工作。基于此，他对城市的文脉传承、文化发展与城市发展之间的关系有着深刻的洞察与理解。从“理论传播”到“管理实践”的转变，陈庆华用了近十年的时间，并用自己的管理实践悉心浇灌归谷这株绿苗，使其茁壮成长。

谈及自己的职业进阶之路，陈庆华说道：“我从来不会给自己设限，很多东西积累到一定程度就会有机会，抓住了机会，自然而然就能获得突破。归谷这个项目具备未来性以及引领性，潜力无限大，但也面临诸多挑战。”

如何运用好国际科技创新资源与管理经验，并与中国的国情相结合，促进更优质的科技交往和人才流动，孕育更为亮眼的科技创新成果，是陈庆华思考并奋斗至今的目标。在他看来，“一个真正具备科技创新引领性的科技园，千万不能只是一个‘科技园’”。物理空间的打造，完成的只是科技园作为“园”的基础，科技创新元素的加持和产业生态及服务模式的构建才是科技园的关键因素。

聚才引智：从汇聚人才力量到放大人才价值

千帆竞发浪潮涌，百舸争流正逢时。2000年以前，广东的发展主要靠传统产业；2000年以后，广东则聚焦科技产业的发展。放眼当下，几乎所有的在华跨国公司都有海归人才的参与，他们凭借先进技术、现代企业管理理念和世界眼光成为时代弄潮儿，为经济全球化写下生动注脚，助推中国在新一轮技术革命和产业变革中抢占制高点。

在高新技术产业发展的趋势下，海内外的高层次人才聚集到粤港澳大湾区，也正是这群人，引领着创新创业的浪潮。陈庆华强调："归谷要做的，不仅是汇聚这些力量，更是要无限放大这些力量。我们通过长期的海内外科创人才服务工作，成功集结并转化了一批高层次专家人才作为归谷的强大智囊团，凭借发挥人才力量和资源，再去服务更大范围、更广领域、更高层次的人才创新创业，形成良性的生态与服务闭环。"

立足于粤港澳大湾区和广深科技创新走廊桥头堡"双创"国家战略，傲然勇立时代潮头，归谷的目标是成为广州市面向海外招商引资、招才引智的重要窗口，国际创新科技企业的高端载体及海外高层次人才创新创业的孵化加速器。自建设运营以来，归谷得到了各级政府领导、国内外各行业协会组织和科技创新企业的广泛关注和支持，取得了令人瞩目的成果。

聚焦IAB（新一代信息技术、人工智能、生物医药）产业、NEM（新能源、新材料）产业的内外循环链式产业生态，归谷的信创产业带动趋势逐渐显露。园区已入驻国家梯队飞腾芯片、麒麟软件等信创产业上下游企业，以及包括华为、滴滴无人驾驶等龙头企业在内的230多家行业前沿的科技型企业。

归谷逐步形成科创投融、人才招引、技术对接和高端科技服务体系，进行产业链两端适配，助力企业合作与落地。产业运营溢出效果显著，已为黄埔区成功吸引文远知行无人驾驶、基准医疗、达闼海睿产业全球总部基地、墨奇科技总部等国际领先的科技创新企业项目落地，为区域科技产业高质量发展助力。

在黄埔区委、区政府的指导下，归谷建设并运营了粤港澳大湾区首个“海归之家”，致力于为海归群体来黄埔区创新创业详解路线图、细铺登山梯，努力打造粤港澳大湾区吸引海归人才的温馨家园。未来，“海归之家”将根据各类型海归群体的不同需求，进一步完善政务服务和入园扶持等措施，逐步增强“海归之家”在海内外留学生群体中的知名度和影响力，构建高端人才服务“黄埔开发区”创新品牌，为“海归之家”提供助力。

此外，归谷在招才引智、科技创新服务等方面的工作备受省市区各级政府部门认可。作为全国首个欧美同学会（广州·生物医药）海归小镇起步区，归谷已荣获国家海外人才离岸创新创业基地首批合作单位、广东省科学技术协会海外智力为国服务行动计划工作站、黄埔信创产业园区、首批广东省“南粤侨创基地”、广州开发区引才工作站、新侨（归谷科技园）工作站、留学人员创业服务合作园区等荣誉资质，并受广州市外事办公室及中共广州市委组织部人才处的委托，承担广州国际交流合作中心及广州市高层次人才联盟的运营工作，为广州市高层次人才发展和国际化交流服务。

人才常来常往，创业活力蓬勃。努力背后，环境的影响不容忽视。身处富有文化底蕴的黄埔，似乎干事的热情总能得到激发。陈庆华分享道：“广州自古以来就是一个‘敢为天下先’的城市，而黄埔又是海丝之路的起点。这种敢拼敢闯的精神，实质上就是创新创业的本源，这样的精神感染了每个走出去拼搏的海归人才，所以我们也想在广州黄埔走一条创新性、引领性的道路，服务海归人才更好地发展。”

润物无声：借文化为人才发展赋能

黄埔区的科技发展离不开区域深厚的文化基底，文化如何赋能园区、赋能产业也是政府正在思考的问题之一。归谷在进行园区的布局谋划时充分结合了黄埔特色，为黄埔区推广文化进园区提供了有力抓手。

纵观目前中国科技园的发展模式，在顶层设计的牵引推动下，大量的科技园平台在房地产商手中诞生，而房地产商的业态与科技园的运营，一个依靠资本运作，一个依靠精细化服务，这两者本身就存在矛盾。在资本不到位、经验不足、认知不足的现状下，这些科技园缺乏应该具有的专业化科技技能，仅仅为企业提供了最基础的办公服务，所谓“科技园”往往沦为简单的办公场所。如何才能使科技与人文艺术相得益彰，是归谷正在思考并实践的问题。

在这个思考和实践的过程中，陈庆华遇到了不少困惑：“当我们开始构思归谷的设计建设时，一些实际的问题向我们涌来：什么样的环境和文化才是海归人群想要的？什么样的园区才能更有利于激发创新创业的精神和氛围？”

谈到这些问题，陈庆华提起多年前的一次经历：2013年前后，归谷通过在海外的科技咨询委员会，对接了一位准备回国发展的技术“大牛”，交流间这位“大牛”感叹：“一开始就在国外工作创业的人，回来待得越久越会感觉水土不服。在硅谷，我们不止在实验室谈工作和研究，咖啡店、健身房，就连楼梯间的吸烟区都能让人感受到热情又投入的氛围。回来之后，我们想要讨论，就要在会议室，一场接一场的开会……”

一次谈话，让陈庆华认识到海内外的创新环境、文化氛围、创业节奏都存在巨大差异，海归人才在适应国内环境的过程中经常会出现巨大的割裂感。这一认识也在陈庆华后来一次又一次与海归人才的交流中不断被验证。

2014年，时任国务院总理的李克强发出“大众创业、万众创新”的号召，“双创”的浪潮席卷中国。在此期间，陈庆华跟随中环集团和范群博士走遍美国、新加坡等科技发达国家的代表性孵化基地和产业园区，一步步学习和探索海内外人才、科技交流互通的有效路径，并将这些融入归谷的基因和生态中。

思考、讨论、碰撞，陈庆华和团队做了大量的工作。“我一直在想归谷跟传统科技园的区别，它的优势到底在哪？它如何从粤港澳大湾区出发，又能承载海内外的各种要素聚集？定位国际化，找准差异化，答案就慢慢出来了。在海外拥有20年的实体产业及当地科技资源，是归谷能够脱颖而出的‘稀缺资源’。我们的目标是把广州归谷打造成一个微缩版的‘中国小硅谷'，园区的物理空间要充分融合海外的开放、交互氛围，最大限度地考虑人才社交、生活、互动、娱乐的需求，一切关于空间的盈利都可以向满足人才需求和为人才服务让渡。"陈庆华说。

明确目标后，团队毅然决定实践一把当下世界办公潮流和未来办公空间的可能性设计策略，邀请全球排名第一的国际顶尖建筑设计团队担纲归谷园区的整体规划设计、建筑设计以及归谷总部办公空间的设计。

设计师以"开放协作、自由激发、高效参与"为聚焦点，全方位构筑全生命周期新型科创平台综合体。

在广州科学城核心位置的犀牛望月山，归谷科技园延续"绿色、生态、创新、艺术"理念，伫立在一片纯粹的原生态自然环境中，一条蜿蜒小径将人们的视野引入青山绵延、白云舒卷的胜境。

归谷的 5 栋办公孵化楼和 2 栋科学家公寓依山就势，同时打造了 6 大主题架空层、无边际泳池、图书馆、网球场、篮球场、24 小时健身中心等优质配套设施，配置智慧食堂和科技展厅，依托华为智慧园区技术，营造智能、便捷、高效、安全的园区环境，构建一个高能、高效的科创工作生活平台。

从归谷国际会议中心、犀牛剧场、问天阁、黄埔区图书馆文化馆归谷分馆到山顶公园、艺术长廊，归谷把丰富的人文艺术元素都融入园区建设当中，随处都能感受到浓厚的人文艺术氛围。

陈庆华回忆说："在打造好科技园的物理空间之后，我们借鉴了当时在美国和新加坡等海外产业园考察调研得到的经验，同时也跟非常多的高层次人才以及海归专家进行了沟通，了解他们的想法和需求，在园内专门设计了大量的人文艺术的配套设施以及服务。开放式的花店、咖啡店，24 小时营业的健身房……这背后的文化性是润物无声的，一个小小的设计、一个细微的改变，它在那里就能给这些海归人才带来熟悉的乐活氛围和归属感。"

人文艺术对人的滋养功能是不可替代的，是社会全面高质量发展的重要元素。"文化艺术"是归谷建设理念中重要的一环，在"以人为本"的理念下，归谷融合了创新科技与生活活力的沉浸式体验，使"干事创业、快乐生活"的园区文化在这里能够得到最充分的释放和体现。

在陈庆华看来，文化与科技的精神实质应该是殊途同归的，皆是以人为本，服务于人。"归谷自建设以来一直在探索新的人文艺术载体和发展模式，希望通过园区搭建的平台和生态，探索形式更加丰富多样的艺术、文化、产业、人才融合发展新空间。"陈庆华说。

未来可期：探索人文与科技融合的标杆示范园

"黄埔区的营商环境、营智环境一直走在（全国）前列，再加上区内高科技产业集聚，对于科技园、产业园行业来说是一片发展的沃土。"谈及园区的运营，陈庆华也有自己独到的见解和方向，"在招商引资和招才引智方面，我们的思路也摒弃了传统园区以招商招租填满园区的方式，而是专门设立一些门槛，挑选那些优质的、具有生态性的科技企业入驻。瞄准粤港澳大湾区着力打造的 IAB、NEM 产业做引进和服务，打造链接产业上下游的全链条科技服务生态圈，为黄埔区的经济建设贡献我们的力量。"

在文化的土壤中，工作不再只是为了有效地生存，而是回归到有活力、有温度的生活本义。有了人文艺术空间，更需要人来注入活力。为此，归谷积极链接绘画艺术家李节平以及澳门青年戏剧协会、广州美术学院等专业机构和高等院校，组织了一系列学术交流和艺术活动，如"归谷之约"吕思清新春独奏音乐会、“高山流水·四海侨声”中法音乐鉴赏荟、归谷·党颂、《梦影·牡丹亭》广州黄埔首演、“元宇宙·智能制造”主题活动、“万山红遍·唱享归谷”跨界音乐会等，为黄埔区带来更浓厚的艺术氛围，携手探索艺术、文化、产业、人才融合发展新模式。同时，归谷也用文化艺术服务区内人才，满足高层次人才更高的精神生活需求，打造黄埔区极具文化艺术魅力的公共文化艺术园区地标。

在未来的科技蓝图中，归谷还将引进一批与大众文化生活息息相关的高端商业和服务机构，让艺术与文化以更加接地气、更加亲民的方式落地，走好“文艺＋科技”创新发展和人文艺术社会服务两条路线，以文化艺术创新开创产业协同新路径，激发区域经济新活力。

“归谷作为产业孵化、人才聚集、技术连接、人文艺术的综合载体，不能单纯用‘科技园’局限地将它定义。它将努力锻造成为充满创造力和人文气息的‘未来之舰’；它行驶在粤港澳大湾区这片新时代、新征程创新浪潮的汪洋；它承载着中环团队、承载着范群博士和我的归谷梦，更承载万千人才创新创业的理想与未来。”谈及对归谷未来发展的设想，陈庆华的言辞中饱含澎湃的激情，也让人深刻体会到归谷作为海派企业乘风破浪、勇立潮头的精神感召。

从“园”到“科技园”，再到“科技创新+文化艺术+生活社交生态园”，归谷这艘“未来之舰”将“科技、创新、生态、人文”融合在产业化的创业布局、尖端化的科技集群、高载量的创新资源等内核之中，在技术架构、运营管理、产业链服务上，也充分展现出企业国际化的眼界与执行力。

谈及未来，陈庆华说：“我们深知科技服务是一个生态问题，而非单一的服务于产品。未来，归谷将持续以高专业度、创新度，与最前沿的理念同行，在中国科技园专业性科技服务的这条路上孜孜不倦地探索，在科技创新生态服务领域带头跟进、领衔创造，成为中国科技综合服务体标杆所在，以‘未来之舰’的姿态持续领航，载着心怀梦想的高层次人才抵达无限可能。立足湾区、协同港澳、面向世界、团结侨商，讲好更多中国故事、湾区故事、黄埔故事。”

后记

书稿即将付梓之际，参与本书统筹、撰稿、编辑、出版等环节的工作者无不感到欣喜与感怀。我们在延续“黄埔有故事”书系的基础上，选取文化领域的 12 位佼佼者进行采访，梳理他们在各自领域所取得的成绩，记录他们为梦想而跋涉的历程。

南海神庙的千年香火、广州海事博物馆的斑斓文物、雨水过后又抽绿的古树、以“黄埔模式”铺开建设的图书馆、线上线下的歌舞影像、古村的日出日落以及市民的欢声笑语……“黄埔有故事”书系第四册以“文化”为核心，围绕黄埔这片“宜居”的热土，展现出“宜游”“宜业”的人文环境和文化产业，不断提高海上丝绸之路发祥地、黄埔军校旧址等文化资源的创造力和影响力，推进黄埔文化强区建设在新征程上展现新气象、新作为。

全书将近年来黄埔区的文化成果以人物故事的方式呈现出来，并以人物经历为叙事主线，将传承“黄埔文脉”的一件件记忆编撰成书、汇聚成集。在采访的过程中，每位主人公都开诚布公地讲述了自己的故事，叙说了自己的心路历程，这为高质量的稿件撰写奠定了良好的基础。在汇编稿件的过程中，个人的故事犹如众多细小的支脉汇入大流，一川流水好似“黄埔文脉”，多元绵延而又生生不息。

文化兴则国运兴，文化强则民族强。党的二十大报告提出，增强文化自信，围绕举旗帜、聚民心、育新人、兴文化、展形象建设社会主义文化强国。以此为目标，黄埔区坚持深入学习贯彻习近平文化思想，始终走在全国文化建设的潮头。以文传声、以文兴产、以文惠民、以文润心，黄埔区将在进一步推进文化强区建设的道路上再谱新篇，打造富有岭南特色、人文魅力，具有开拓精神、创新活力的社会主义文化强国创新示范区。

一本书所容纳的文字，仅仅是勾勒出了“黄埔文脉”的素描画像，黄埔的文化故事层次更丰富、细节更生动，无论是合在一起的人物群像，还是单篇的人物传记，都因其累累硕果而显得熠熠生辉。我们在编写《传承创新》的过程中也发现，秉承文化传统、传扬艺术创新是一条清晰可见的主线，在这条主线的基础上，每位从事文化工作的传主在其领域中，都有一颗坚守文化本真之心。在更多的时候，秉承与传扬、坚守与创新是如此完美地兼容。

在采访撰稿、汇编稿件的过程中，我们也发现黄埔区举办了一系列优质的文化展演活动，成为提供学习交流、汲取正能量的重要阵地；推出了一系列文化扶持政策与措施，在润物细无声的过程中，吸引更多市民参与，让文化生活融入市民的日常生活。黄埔区的文化建设，更是成为推动文化繁荣的沃土，文化氛围的营造、文化品牌的培育、文化人才的资助，在这片厚重的文化沃土上播下了希望的种子。

本书的采访、撰稿、汇编工作历时一年多，选题策划、组稿、统稿虽一路推进，但也艰难曲折。尤其是如何将现场的口语化表达整理成规范的书面文献，着实花费了一番心血。

“江山代有才人出，各领风骚数百年。”站在更高的起点来看“黄埔有故事”书系，“黄埔文脉”似乎必须有一次历史的梳理与总结，以期为黄埔持续多年的文化事业留存一份时代的记忆，并在承袭这份记忆的路上走得更远。

甲辰春分，述而为记。

编者

2024 年 3 月